Panorama historique

Ancien et Moderne

ou

COLLECTION DE PORTRAITS

des Personnages les plus célèbres de l'histoire,

avec des Notices

Rédigées par une Société de Gens de Lettres et de Savans.

> J'ayme les historiens fort simples, qui n'ont point de quoi y mesler quelque chose du leur, et qui n'y apportent que le soing et la diligence de ramasser tout ce qui vient à leur notice, et d'enregistrer à la bonne foy toutes choses, sans choix et sans triage, nous laissant le Jugement entier pour la cognoissance de la vérité.
>
> Montaigne.

2ᵉ Livraison.

Panorama historique ancien et moderne. 1829-1830.

Je n'ai trouvé en 1836, de cette prem. publication, que les livraison 1-8, moins la 6ᵉ.

O.B.

½ veau

À PARIS,

Chez J. et Charpentier Éditeurs, rue et Passage St Antoine, N° 69.
Et chez tous les Mᵈˢ d'Estampes et de Nouveautés.

1829.

Lith. de Ducarme.

Panorama Historique

ANCIEN ET MODERNE,

ou

COLLECTION DE 450 PORTRAITS

DES PERSONNAGES LES PLUS CÉLÈBRES DE L'HISTOIRE,

AVEC DES NOTICES.

PRIX DE LA LIVRAISON, COMPOSÉE DE 4 PORTRAITS : 1 FR. 30 CENT.

UN PORTRAIT SEUL, 35 CENTIMES.

1re Livraison.
Je n'ai trouvé, en 1836, de cette
deuxième publication que les livraisons
1, 4, 5.   D.B.

On souscrit à Paris,

AU BUREAU DU PANORAMA HISTORIQUE,

RUE DU FAUBOURG POISSONNIÈRE, N° 52;

ET CHEZ VIMONT, LIBRAIRE, GALERIE VÉRO-DODAT, N° 1, ET RUE DE GRENELLE, N° 29.

Les Portraits se vendent séparément,

CHEZ AUBERT, MARCHAND D'ESTAMPES, GALERIE VÉRO-DODAT.

1830.

LISTE

DES PRINCIPAUX PERSONNAGES

QUI FORMERONT

LES 450 PORTRAITS - NOTICES DU PANORAMA HISTORIQUE.

Aaroun al Raschid.
Abeilard.
Agnès Sorel.
Addisson.
Alberoni.
Alembert (d').
Alexandre-le-Grand.
Alexandre (Russie).
Alexandre VI (Borgia).
Alfieri.
Alfred-le-Grand (Angleterre).
Ali-Pacha.
Ancre (la maréchale d').
Anne d'Autriche.
Annibal.
Arctin (l').
Aristote.
Arioste (l').
Attila.
Augereau.
Auguste (Rome).
Augustin (Saint).
Bacon.
Bailly.
Bayard.
Bayle.
Barberousse.
Barry (du).
Beaumarchais.
Bélisaire.
Bernard (Saint).
Bernardin de Saint-Pierre.
Berthier.
Berry (le duc de).
Bisson.
Beethoven.
Blanchard (Alain).
Bocace.
Bossuet.
Boufflers.
Boulen (Anne de).
Bocca Negra.
Boherave.
Boileau.
Bougainville.
Brutus.
Buffon.
Byron (Lord).
Calderon.
Calvin.
Cambacérès.
Camille Desmoulins.
Camille Jordan.
Camoëns (Le).
Carlos (don).
Cartouche.
Cassini.
Catinat.
Catilina.
Canaris.
Canning.
Casas (Barthélemy de Las).
Caton d'Utique.

Catherine de Russie.
Catherine de Médicis.
César.
Charles-Quint.
Charlotte Corday.
Chalotais (De La).
Charles VII (France).
Charles IX (France).
Charles-le-Téméraire.
Charles XII (Suède).
Charles Ier (Angleterre).
Charles Edouard (prétendant).
Carrache (Annibal).
Charette.
Chénier (Marie et André).
Christophe Colomb.
Charlemagne.
Christine de Suède.
Cicéron.
Cimarosa.
Cinq-Mars.
Clément XIV.
Clairon (Mlle).
Clovis Ier.
Cléopâtre.
Clément (Jacques).
Colbert.
Condorcet.
Courrier (Paul-Louis).
Coligny (l'amiral).
Collin d'Harleville.
Comines.
Condé (le Grand).
Condillac.
Confucius.
Conradin (Naples).
Constantin-le-Grand.
Cook.
Copernic.
Corneille (Pierre).
Corrège (Le).
Cortez (Fernand).
Crébillon.
Cromwell.
Cujas.
Daguesseau.
Dante (Le).
Danton.
David (peintre).
Davoust.
Delille.
Delorme (Marion).
Démétrius (Russie).
Démosthènes.
Descartes.
Desaix.
Diane de Poitiers.
Diderot.
Dubois (le cardinal).
Ducis.
Dugay-Trouin.
Dumourier.
Duguesclin.

Dupaty (sculpteur).
Duquesne.
Duroc.
Édouard III (Angleterre).
Egmont (d').
Élisabeth de Russie.
Élisabeth de France.
Élisabeth d'Angleterre.
Épée (l'abbé de l').
Érasme.
Escobar.
Ésope.
Essex.
Eugène (le prince).
Eugène Beauharnais.
Fabert.
Fabre d'Églantine.
Ferdinand-le-Catholique.
Fénélon.
Fiesque.
Florian.
Fontenelle.
Fouché.
Fouquier-Tainville.
Foscari.
Fox.
Foy (le général).
François Ier.
Franklin.
Frédégonde.
Frédéric Ier.
Froissard.
Gabrielle d'Estrée.
Galilée.
Gall (le docteur).
Garrick.
Geneviève (Sainte).
Gengis-Kan.
Germanicus.
Girodet.
Gluck.
Godefroy de Bouillon.
Goldoni.
Goldsmith.
Gonzalve de Cordoue.
Goujon-Jean.
Gouvion Saint-Cyr.
Grégoire VII.
Gresset.
Grétry.
Guillaume-le-Conquérant.
Guillaume-Tell.
Guise-le-Balafré.
Gustave-Wasa.
Gustave-Adolphe.
Guttemberg.
Hampden.
Harlay (le président du).
Haydn.
Henri II (France).
Henri III (France).
Henri IV (France).
Henri V (Angleterre).

Henri VI (Angleterre).
Henri VII (Angleterre).
Henri VIII (Angleterre).
Hippocrate.
Hoche.
Hoffmann (Allemagne).
Homère.
Horace.
Hugues-Capet.
Hume.
Ignace de Loyola.
Inès de Castro.
Irène.
Isabeau de Bavière.
Jacques II.
Jagellon.
Jansénius.
Jean-sans-Peur.
Jean-Bart.
Jeanne II.
Jeanne d'Albret.
Jeanne-d'Arc.
Jeanne (la papesse).
Jenner.
Jésus-Christ.
Joseph II.
Joséphine (Mme Bonaparte).
Julien (l'apostat).
Justinien.
Just (Saint).
Kent.
Kléber.
Klopstock.
Kosciusko.
Kotzebue.
Koulikan (Thomas).
Labédoyère.
Lachaise (le père).
Lafontaine.
La Harpe.
Laplace.
Lavater.
Lannes.
Larochefoucauld-Liancourt.
Larochejacquelin.
Law.
Lawrence (Thomas).
Lavallière (Mlle de).
Lecouvreur (Mlle).
Lebrun (peintre).
Le Kain.
Lesage.
Lesueur.
Léon X.
L'Hôpital (le chancelier de).
Linné.
Locke.
Longueville (la duchesse de).
Lopez de Vega.
Louis IX (Saint-Louis).
Louis XI.
Louis XII.
Louis XIII.
Louis XIV.
Louis XV.
Louis XVI.
Louis XVIII.
Louvois.
Lulli.
Luther.
Machiavel.
Mahomet.
Mahomet II.
Maintenon (Mme de).
Malherbe.
Malesherbes.
Malet.
Mandrin.
Manuel.

Marat.
Marc-Aurèle.
Marceau.
Marc-Botzaris.
Masaniello.
Marguerite de Valois.
Marguerite d'Anjou.
Marie-Antoinette.
Marie-Thérèse.
Marivaux.
Malborough.
Marius.
Marmontel.
Marot.
Marcel (Étienne).
Masséna.
Massillon.
Mathieu Molé.
Maury (l'abbé).
Médicis (Laurent).
Méhul.
Menzikoff.
Milton.
Michel-Ange.
Michel Cervantes.
Mirabeau.
Moïse.
Molière.
Montespan (Mme de).
Montaigne.
Monvel.
Moreau.
Montesquieu.
Mozart.
Murat.
Maurice (comte de Saxe).
Mazarin.
Napoléon.
Necker.
Néron.
Newton.
Ney.
Ninon.
Olivarès.
Omar.
Oxenstiern.
Paoli.
Parny.
Pascal.
Paul Ier.
Penn (Guillaume).
Perkins-Warbeck.
Périclès.
Pétrarque.
Peyrouse (La).
Pizarre.
Philippe-Auguste.
Philippe II (Espagne).
Picard.
Pichegru.
Pierre-le-Grand.
Pierre de Portugal.
Pitt.
Piron.
Pline (naturaliste).
Plutarque.
Pompadour (Mme).
Pompée.
Ricciboni (Mme).
Richard III (Angleterre).
Richard Ier (cœur de lion).
Richelieu (cardinal).
Rienzi.
Robert Guisard.
Robespierre.
Rolland (Mme).
Poniatowski.
Pope.
Pothier.

Poussin (Le).
Préville.
Prévost (l'abbé).
Procida.
Quinault.
Rabelais.
Racine.
Raphaël.
Rameau.
Raucourt (Mlle)
Ravaillac.
Regnard.
Retz (le cardinal de).
Rollin.
Ronsard.
Rousseau (J.-J.)
Rousseau (J.-B.).
Roscius.
Rubens.
Ruyter.
Saint-Pierre (Eustache de).
Saint-Simon.
Scanderberg.
Scipion.
Sévigné (Mme de)
Shéridan.
Shore (Jeanne).
Sicard (l'abbé).
Sixte-Quint.
Sobieski.
Socrate.
Sterne.
Staël (Mme de).
Stuart (Marie).
Swift.
Sylla.
Schiller.
Shakespeare.
Salvator-Rosa.
Souvarow.
Sully.
Suffren.
Tamerlan.
Tasse (Le).
Talma.
Théodose.
Téniers.
Thomas.
Thou (le président de).
Tippo-Saïb.
Tour-d'Auvergne (La).
Tourville.
Turenne.
Turgot.
Ursins (Anne des).
Valentine de Milan.
Vasco de Gama.
Vauban.
Vaucanson.
Vandick.
Vendôme.
Vergniaud.
Véronèze (Paul).
Villars.
Voltaire.
Vincent-de-Paule (Saint).
Virgile.
Volney.
Wallace.
Wallenstein.
Winkelmann.
Washington.
Wolff.
Wolsey.
Young.
Ypsilanti.
Zwingle.

XIXᵉ SIÈCLE.

FRANCE.
NAPOLÉON BONAPARTE.
Né à Ajaccio le 15 août 1768. — Mort le 5 mai 1821.

EMPEREUR.

SYNCHRONISMES.

TITRES HISTORIQUES.

Mort de Frédéric-Guillaume II, roi de Prusse.
Invention de la stéréotypie, par Firmin Didot.
Élection de Pie VII.
Assassinat de Paul Iᵉʳ, empereur de Russie, et avénement d'Alexandre Iᵉʳ.
Insurrection de l'Irlande contre l'Angleterre.
Dessalines fonde la république haïtienne.
Aliénation mentale de Georges III, roi d'Angleterre.
François II renonce au titre d'empereur d'Allemagne, et prend celui d'empereur d'Autriche.
Déposition de Sélim III; avénement de Mustapha IV.
Christophe élu gouverneur de la république haïtienne.
Déposition de Mustapha IV. — Avénement de Mahmoud IV.
Insurrection de Venezuela, du Chili, de la Floride, du Mexique. — Origine de l'indépendance de ces républiques.
Bernadotte déclaré prince royal et héréditaire de Suède.
Massacre des Mamelucks, au Caire, par ordre de Méhémet-Aly.
Bolivar directeur de la république de Venezuela.

Création d'un nouveau système de guerre. — 20 années de victoires, qui assurent à Bonaparte la réputation du plus grand capitaine des temps anciens et modernes.
Création des administrations départementales et communales.
Rétablissement des cultes.
Fondation de l'Université.
Institution de la Légion-d'Honneur.
Organisation de l'Institut.
Embellissemens de Paris.
Routes. — Canaux.
Ambition sans mesure. — Guerres continuelles qui déciment la France, soulèvent l'Europe, amènent deux fois l'étranger sur notre territoire.
Despotisme savant et systématique, qui enlève à la liberté toutes ses garanties, enchaîne l'esprit public, façonne à la servilité les corps législatifs, les fonctionnaires, la population.

NOTICE.

Napoléon Bonaparte était d'une famille de patriciens ; la protection de M. de Marbœuf, gouverneur de la Corse, le fit entrer à l'école militaire de Brienne. Lieutenant au régiment de la Fère en 1785, puis chef de bataillon et commandant l'artillerie au siège de Toulon, il fut, après la prise de cette place, nommé général de brigade et commandant de l'artillerie à l'armée d'Italie. Arrêté dans la réaction thermidorienne, pour ses liaisons avec Robespierre jeune, il resta deux années sans service actif. Enfin, chargé de défendre la Convention au 13 vendémiaire, il mitrailla les sections révoltées et fut nommé, par le parti qu'il avait fait triompher, général en chef de l'armée d'Italie (1796). Lodi, Castiglione, Arcole, Rivoli, signalent ses premiers pas contre les ennemis de la France ; les généraux autrichiens, Beaulieu, Provera, Alvinzi, le vieux Wurmser et l'archiduc Charles, sont battus par un jeune capitaine de 26 ans, qui bientôt, dans le traité de Campo-Formio, dicte les conditions de la paix à l'empereur d'Allemagne. Il rentre en France ; le Directoire, qu'effrayent sa gloire et sa popularité, décide, pour l'éloigner, l'expédition d'Égypte. Napoléon débarque à Alexandrie le 1ᵉʳ juillet 1798. Les Mamelucks sont battus aux Pyramides, au mont Thabor, à Aboukir ; l'Institut d'Égypte est fondé, deux journaux sont créés au Caire ; et, en 1799, Bonaparte revient à Paris, plus grand, plus fier au pays, plus redoutable pour le Directoire. Enfin, dans la journée du 18 brumaire, appuyé de l'armée dont il est l'idole, il renverse ce gouvernement faible et déconsidéré, disperse la représentation nationale par les baïonnettes, et se fait nommer consul. Le premier pas était fait : élu consul pour dix ans, il échappe, par un heureux hasard, à la mort que lui destinait la machine infernale, et, partant bientôt pour l'Italie (6 mai 1800), il franchit le Mont Saint-Bernard sur trois pieds de glace, et chasse une seconde fois l'Autrichien de la péninsule, par l'immortelle victoire de Marengo (14 juin); la campagne avait duré un mois. Consul à vie en 1802, il crut affermir son autorité en faisant arrêter Pichegru, exiler Moreau, fusiller le duc d'Enghien. En 1804, il prend le titre d'empereur, et fait enlever le pape, pour être sacré par lui comme Charlemagne et Pépin; puis, s'armant contre l'Autrichien coalisé avec la Russie et l'Anglais, il entre en Autriche, force Ulm à capituler, prend Vienne, et, par la fameuse journée d'Austerlitz (2 décembre 1805), décide le traité de Presbourg; les électeurs de Wurtemberg et de Bavière y sont créés rois, Murat grand-duc et Berthier prince. L'année suivante, il envoie son frère Joseph conquérir les Deux-Siciles et régner à Naples ; établit la confédération du Rhin qu'il prend sous sa protection, c'est-à-dire sous sa dépendance ; puis attaquant la Prusse le 6 octobre 1806, il termine la campagne le 14, par la victoire d'Iéna, et entre à Berlin le 27. De là passant en Pologne, il bat les Russes à Eylau et à Friedland (9 et 13 février 1807). Conclut la paix à Tilsitt, fait roi l'électeur de Saxe, et érige la Westphalie en royaume pour son frère Jérôme. L'Europe continentale était à ses pieds ; tournant toutes ses vues vers l'Angleterre, il établit contre elle son fameux système de blocus, et va l'attaquer en Portugal. Les Français entrent à Lisbonne (novembre 1807) et les princes portugais se réfugient au Brésil. L'année suivante, il arrache la couronne aux Bourbons d'Espagne, et la donne à Joseph, que Murat va remplacer sur le trône de Naples. Il entre lui-même en Espagne, bat les Espagnols à Lugo et à la Corogne, assure à son frère la possession de Madrid, de là volant en Autriche, il s'ouvre, par la victoire d'Eckmühl les portes de Vienne, et accable les Autrichiens à Essling et à Wagram (21 mars, 7 juillet 1809). En 1810, il rompt le mariage qui l'unissait à Joséphine, pour s'allier à la maison d'Autriche : de cette nouvelle union lui naquit un fils en 1811. A cette époque se décida la guerre de Russie. Napoléon passe le Niémen le 23 juin, entre le 28 à Wilna, puis à Krasnoë, à Smolensk ; la sanglante victoire de la Moskowa lui livre Moskou, où l'ennemi ne lui laisse en fuyant, qu'un monceau de cendres. Vaincu par la rigueur de la saison, il se décide à la retraite, passe la Bérézina si funeste à nos soldats, quitte bientôt son armée et rentre à Paris le 18 décembre. Ce terrible échec fut le signal de la défection de toutes les nations que la crainte retenait sous sa main puissante. L'Europe en masse se lève contre Bonaparte ; la campagne de Prusse, commencée par les victoires de Lutzen, Bautzen et Dresde, s'achève par la défaite de Leipsick (18 octobre 1813); bientôt les princes alliés envahissent nos frontières. Alors s'ouvrit cette glorieuse campagne de France, où Bonaparte, débordé de toutes parts par des flots de Russes, d'Anglais et d'Allemands, défendit notre territoire avec toutes les ressources de son génie militaire. L'armée alliée marqua de son sang chacun de ses pas vers la capitale. Champaubert, Montmirail, Montereau, Méry-sur-Seine, Craone, Saint-Dizier, rappellent l'héroïsme de nos troupes et les désastres de l'ennemi. Paris lui fut livré le 31 mai 1814. Forcé d'abdiquer à Fontainebleau, Napoléon s'embarqua pour l'île d'Elbe. — Dix mois s'écoulent ; il conçoit l'exécution d'un projet aussi audacieux que funeste à la France. Débarqué à Cannes avec quelques hommes, il arrive à Grenoble avec un régiment, à Lyon avec une armée, à Paris avec la population (20 mars 1815). Le 11 juin, il part des Tuileries pour aller prévenir l'ennemi en Belgique. Waterloo porta le dernier coup à sa vie politique (18 juin). Forcé de quitter la France, il veut se réfugier aux États-Unis, les croiseurs anglais lui en ferment la route; et il est contraint de se livrer à eux. — Napoléon expia bien chèrement, par une captivité de six années, la gloire dont il dota la France et la terreur qu'il fit peser sur l'Europe. Les Anglais se chargèrent lâchement d'être ses geôliers, j'ai presque dit ses bourreaux; l'influence d'un climat dévorant, les persécutions d'une surveillance basse et mesquine, abrégèrent ses jours. Il mourut à l'île Sainte-Hélène, le 5 mai, 1821, « en léguant à l'Angleterre l'opprobre de sa mort. »

E. B.

Imprimerie et Fonderie de J. Pinard, rue d'Anjou-Dauphine, n. 8, à Paris.

ROME.

L.-J. BRUTUS.

VIe SIÈCLE AV. J.-C.

Né l'an 549, mort l'an 507 av. J. C.

CONSUL.

SYNCHRONISMES.

TITRES HISTORIQUES.

Mort de Cambyse, roi des Mèdes. — Son fils Cyrus lui succède. — Il joint la Perse à son royaume, et devient maître de tout l'Orient. — Il fait recommencer la reconstruction du temple de Jérusalem. — Mort de Cyrus. — Cambyse, son fils, s'empare de la Syrie, de l'Arabie, de l'Égypte. — Il tue son frère Smerdis, et meurt peu de temps après. — Règne de Darius (Assuérus), fils d'Hysaspes. — Le temple de Jérusalem est achevé.

Grandeur et influence politique de la Grèce. — Pisistrate, tyran d'Athènes. — Il meurt. — Harmodius et Aristogiton tuent son fils Hyppias, et sont massacrés par ses gardes. — Athènes se constitue en république.

Progrès des sciences en Chine. — Confucius.

Politique sévère et désintéressée. — Vingt-cinq ans de folie supposée pour échapper aux coups de Tarquin et délivrer Rome de sa tyrannie.

Réveil du peuple. — Révolution romaine. — Expulsion des Tarquins. — Proclamation de la République.

Consulat. — Réorganisation du Sénat. — Ordre légal. — Création d'un pontife.

Condamnation à mort de ses propres fils.

Oubli de l'intérêt national pour répondre au défi personnel du fils de Tarquin.

NOTICE.

Lucius-Junius Brutus, le premier de ce nom, était fils de Marcus-Junius et de Tarquinie, sœur de Tarquin-le-Superbe. Élevé dans l'opulence, et instruit avec soin, il développa de bonne heure beaucoup de profondeur d'esprit, et toutes les qualités d'une grande ame. Il avait environ quatorze ans, lorsque Servius-Tullius fut assassiné par Tarquin-le-Superbe, qui, devenu l'époux de sa complice parricide, s'empara du trône, pour le malheur des Romains (534 av. J.-C.). Le règne qui venait de finir avait laissé entrevoir toute la douceur d'un gouvernement populaire ; celui qui commençait par cette catastrophe sanglante présageait la plus odieuse tyrannie. Tarquin ne se démentit pas : à peine assis sur le trône, il sentit qu'il ne pouvait régner en despote sur les citoyens les plus vertueux de Rome ; il se fit leur bourreau, et Brutus vit mettre à mort son père et son frère aîné. Ferme et indépendant lui-même, il approchait de l'âge où la vertu a le plus d'empire sur l'homme : Tarquin avait les yeux sur lui. Il se voila d'une apparence d'imbécillité, et attendit l'occasion de venger sa famille par l'opprobre du tyran, Rome par le règne de la liberté. Il abandonna ses biens à Tarquin, fut élevé avec les jeunes princes, ses cousins, et joua si bien son rôle d'insensé, qu'on lui donna ce nom injurieux de *Brutus*, qui devait être le premier sur les fastes de la république romaine !.... Une épidémie s'étant manifestée à Rome, deux des fils de Tarquin, Titus et Aruns, furent députés à Delphes pour consulter l'oracle à ce sujet, et ils emmenèrent avec eux Brutus, pour s'en amuser pendant le voyage. Des présens magnifiques furent offerts aux dieux ; et Tite-Live rapporte que le fou supposé y joignit un bâton, ce qui donna lieu à mille plaisanteries de la part des deux princes ; mais ce bâton était creux, et renfermait une baguette d'or. Pendant vingt-cinq ans, les Romains parurent endormis sous le joug du tyran, et Brutus ne démentit pas un instant le caractère dont il s'était couvert. Enfin, l'occasion de se dévoiler lui fut offerte par Sextus, le plus orgueilleux, le plus corrompu des fils de Tarquin. Ce prince, épris de la beauté de Lucrèce, épouse de L. T. Collatin, animé encore par le dépit et le dédain de cette vertueuse romaine, croit pouvoir impunément lui faire violence ; et, après avoir consommé le crime, il se retira tranquillement au milieu de la nuit. Le lendemain, Lucrèce fait appeler son père et son époux ; ils accourent, suivis de Brutus et de Valerius. Elle leur découvre son déshonneur, reçoit le serment qu'ils font de la venger, s'enfonce un poignard dans le cœur, et expire aussitôt. Brutus, enlevant tout-à-coup lui-même, saisit le fer tout sanglant, et jure d'abolir la royauté à Rome ; puis il remet le poignard à Lucretius, à Collatin, à Valerius, qui répètent le même serment, signal de la révolution romaine. Le corps palpitant de Lucrèce est porté sur la place publique ; le peuple crie vengeance, prend les armes, se rassemble en foule ; Brutus explique sa folie simulée, raconte, avec l'indignation la plus énergique le crime de Sextus, rappelle tous les excès du tyran et le forfait qui le mit sur le trône ; il arrache des larmes à tous les citoyens, les fait pâlir d'horreur, et l'assemblée entière vote le bannissement des Tarquins. La reine sortit de la ville, poursuivie par les larmes et les malédictions de la foule. Tarquin, alors occupé au siége d'Ardée, revint promptement à Rome ; mais il en trouva les portes fermées, et il se retira avec ses fils à Gabies : son exil fut ratifié par un décret du sénat. Brutus proposa une autre forme de gouvernement ; la république romaine fut proclamée, et celui qui en était le fondateur fut nommé consul avec T. Collatin : Rome jetait les fondemens de sa grandeur (509 av. J.-C.). On leva le siége d'Ardée, et la paix fut faite avec les Rutules ; on nomma un pontife pour présider au culte ; le nombre des sénateurs fut complété, et les lois commencèrent à être exécutées sévèrement. Cependant Tarquin soulevait les Étrusques, les Véiens, et entretenait des rapports à Rome avec les Vitellius et les Aquilius, neveux de Collatin. Une conspiration se forma : les deux fils de Brutus, à peine parvenus à l'âge viril, entrèrent dans le complot, et les conjurés eurent l'imprudence de signer un engagement avec le tyran banni. Un esclave nommé Vindex les découvrit ; on intercepta leur correspondance, et ils furent traduits devant les consuls. Collatin avait à juger ses neveux, Brutus ses fils, et il y allait de la vie des coupables ! La foule, rassemblée autour du tribunal, regardait les consuls en pleurant ; les conjurés avec une indignation mêlée de pitié. Collatin essaya d'excuser ses neveux, fit retarder leur jugement ; mais Brutus interroge tous les coupables, demande par trois fois à ses fils s'ils n'ont rien à dire pour leur défense : ils restent muets, et Brutus prononce l'arrêt de mort, donne l'ordre fatal, et voit rouler leurs têtes à ses pieds, sans donner, dit Plutarque, aucune marque de sensibilité. Virgile a vu dans cet acte l'amour de la patrie, et un désir immodéré de louanges ; Machiavel n'y trouve que l'égoïsme politique. On a jugé de la douleur que Brutus laissa voir ; a-t-on bien apprécié celle qu'il étouffa ?.... Quoi qu'il en soit, les Romains n'en devinrent que plus grands admirateurs du malheureux consul, et l'indulgence qu'avait montrée Collatin le fit soupçonner le point, qu'on alla jusqu'à l'accablant d'injures ; celui-ci, malgré lui-même, et oubliant pour la première fois son devoir, se précipite sur son adversaire, le tue, et, frappé lui-même d'un coup mortel, il meurt au moment de voir triompher les Romains, pour qui il avait déjà donné plus que sa vie !.... Après une victoire éclatante, l'armée rapporta tristement ses lauriers sur le corps de Brutus. Ses funérailles furent célébrées avec pompe, les dames Romaines portèrent le deuil pendant un an, et une statue lui fut érigée dans le Capitole : le vengeur de Lucrèce était représenté un poignard à la main.

M. C.

Imprimerie et Fonderie de J. Pinard, rue d'Anjou-Dauphine, n. 8, à Paris.

ROME.

L.-J. BRUTUS.

XVIe SIÈCLE AV. J-C. — **CONSUL.**

Né l'an 549. — Mort l'an 507 avant J.-C.

SYNCHRONISMES.

Mort de Cambyse, roi des Mèdes. — Son fils Cyrus lui succède. — Il joint la Perse à son royaume, et devient maître de tout l'Orient. — Il fait recommencer la reconstruction du temple de Jérusalem. — Mort de Cyrus. — Cambyse, son fils, s'empare de la Syrie, de l'Arabie, et de l'Égypte. — Il tue son frère Smerdis, et meurt peu de temps après. — Règne de Darius (Assuérus), fils d'Hysaspes. — Le temple de Jérusalem est achevé.

Grandeur et influence politique de la Grèce. — Pisistrate, tyran d'Athènes. — Il meurt. — Harmodius et Aristogiton tuent son fils Hyppias, et sont massacrés par ses gardes. — Athènes se constitue en république.

Progrès des sciences en Chine. — Confucius.

TITRES HISTORIQUES.

Politique sévère et désintéressée. — Vingt-cinq ans de folie supposée pour échapper aux coups de Tarquin et délivrer Rome de sa tyrannie.

Réveil du peuple. — Révolution romaine. — Expulsion des Tarquins. — Proclamation de la République.

Consulat. — Réorganisation du Sénat. — Ordre légal. — Création d'un pontife.

Condamnation à mort de ses propres fils.

Oubli de l'intérêt national pour répondre au défi personnel du fils de Tarquin.

NOTICE.

Lucius-Junius Brutus, le premier de ce nom, était fils de Marcus-Junius et de Tarquinie, sœur de Tarquin-le-Superbe. Élevé dans l'opulence, et instruit avec soin, il développa de bonne heure beaucoup de profondeur d'esprit, et toutes les qualités d'une grande âme. Il avait alors quatorze ans, lorsque Servius-Tullius fut assassiné par Tarquin-le-Superbe, qui, devenu l'époux de sa complice parricide, s'empara du trône, pour le malheur des Romains (534 av. J.-C.). Le règne qui venait de finir avait laissé entrevoir toute la douceur d'un gouvernement populaire; celui qui commençait par cette catastrophe sanglante présageait la plus odieuse tyrannie. Tarquin ne se démentit pas : à peine assis sur le trône, il sentit qu'il ne pouvait régner en despote sur ses concitoyens les plus vertueux de Rome; il se fit leur bourreau, et Brutus vit mettre à mort son père et son frère aîné. Ferme et indépendant lui-même, il approchait de l'âge où la vertu a le plus d'empire sur l'homme : Tarquin avait les yeux sur lui. Il se voila d'une apparence d'imbécillité, et attendit l'occasion de venger sa famille de l'opprobre du tyran, et Rome par le règne de la liberté. Il abandonna ses biens à Tarquin, fut élevé avec les jeunes princes, ses cousins, et joua si bien son rôle d'insensé, qu'on lui donna ce nom injurieux de *Brutus*, qui devait être le premier inscrit dans les fastes de la république romaine!... Une épidémie s'était manifestée à Rome, deux des fils de Tarquin, Titus et Aruns, furent députés à Delphes pour consulter l'oracle à ce sujet, et ils emmenèrent avec eux Brutus, pour s'en amuser pendant le voyage. Des présents magnifiques furent offerts aux dieux, et Tite-Live rapporte que le fou supposé y joignit un bâton, ce qui donna lieu à mille plaisanteries de la part des deux princes; mais ce bâton était creux, et renfermait une baguette d'or. Pendant vingt-cinq ans, les Romains parurent endormis sous le joug du tyran, et Brutus ne démentit pas un instant le caractère dont il s'était couvert. Enfin, l'occasion de se dévoiler lui fut offerte par Sextus, le plus orgueilleux, le plus corrompu des fils de Tarquin. Ce prince, épris de la beauté de Lucrèce, épouse de L.-T. Collatin, animé encore par la résistance et le dédain de cette vertueuse Romaine, croit pouvoir impunément lui faire violence; et, après avoir consommé le crime, il se retire tranquillement au milieu de la nuit. Le lendemain, Lucrèce fait appeler son père et son époux; ils accourent, suivis de Brutus et de Valérius. Elle leur découvre son déshonneur, reçoit le serment qu'ils font de la venger, s'enfonce un poignard dans le cœur, et expire aussitôt. Brutus, animé tout-à-coup lui-même, saisit le fer tout sanglant, et jure d'abolir la royauté à Rome; puis il remet le poignard à Lucrétius, à Collatin, à Valérius, qui répètent le même serment, signal de la révolution romaine. Le corps palpitant de Lucrèce est porté sur la place publique, le peuple s'émeut, prend les armes, se rassemble en foule; Brutus explique sa folie simulée, raconte, avec l'indignation la plus énergique, le crime de Sextus, rappelle tous les excès du tyran et le forfait qui le mit sur le trône; il arrache des larmes à tous les citoyens, les fait pâlir d'horreur, et l'assemblée entière vote le bannissement des Tarquins. La haine sortit de la ville, poursuivie par les malédictions de la foule. Tarquin, alors occupé au siége d'Ardée, revint promptement à Rome; mais il en trouva les portes fermées, et il se retira avec ses fils à Gabies : son exil fut ratifié par un décret du sénat. Brutus proposa une autre forme de gouvernement; la république romaine fut proclamée, et celui qui en était fondateur fut nommé consul avec T. Collatin : Rome jetait les fondemens de sa grandeur (509 av. J.-C.). On leva le siége d'Ardée, et la paix fut faite avec les Rutules; on nomma un pontife pour présider au culte; le nombre des sénateurs fut complété, et les lois commencèrent à être exécutées sévèrement. Cependant Tarquin soulevait les Étrusques, les Véïes, et entretenait des rapports à Rome avec les Vitellius et les Aquilius, neveux de Collatin. Une conspiration se forma : les deux fils de Brutus, à peine parvenus à l'âge viril, entrèrent dans le complot, et les conjurés eurent l'imprudence de signer un engagement avec le tyran banni. Un esclave nommé Vindex les découvrit; on intercepta leur correspondance, et ils furent traduits devant les consuls. Collatin avait à juger ses neveux, Brutus ses fils, et il y allait de la vie des coupables! La foule, rassemblée autour d'un tribunal, regardait tour-à-tour les consuls en pleurant, les conjurés avec une indignation mêlée de pitié. Collatin essaya d'excuser ses neveux, fit retarder leur jugement; mais Brutus interroge tous les coupables, demande par trois fois à ses fils s'ils n'ont rien à ajouter pour leur défense : ils restent muets, et leur père prononce l'arrêt de mort, donne l'ordre fatal, et voit rouler leurs têtes à ses pieds, sans donner, dit Plutarque, aucune marque de sensibilité. Virgile a vu dans cet acte l'amour de la patrie, et un désir immodéré de louanges; Machiavel n'y trouve que l'égoïsme politique. On a jugé de la douceur que Brutus laissa voir; a-t-on bien apprécié celle qu'il étouffa!... Quoi qu'il en soit, les Romains n'en devinrent que plus grands admirateurs du malheureux consul, et l'indulgence qu'avait montrée Collatin le fit soupçonner à tel point, que son collègue lui-même le pressa d'abdiquer, et l'y détermina enfin. Le peuple gratifia le consul disgracié d'une somme de 20,000 écus, et Brutus y ajouta cinq talens. Le sénat décréta le bannissement de tous les citoyens qui portaient le nom de Tarquin. Valérius-Publicola fut élu consul à la place de Collatin; et ce fut Brutus lui-même qui demanda un nouveau collègue. Enfin les Aquilius, que Collatin avait fait épargner, furent mis à mort, et l'esclave qui avait découvert la conjuration fut affranchi. Mais, tandis qu'on pille à Rome les biens de Tarquin, tandis qu'on détruit son palais, on apprend qu'il marche contre la ville, soutenu par les Véïes, les Tarquiniens et les Étrusques. Les consuls lèvent aussitôt des troupes qu'ils exercent jour et nuit; puis ils marchent à la rencontre de l'ennemi, et bientôt les deux armées sont en présence. Brutus commandait le corps opposé à celui qui était sous les ordres d'Aruns, fils de Tarquin. La bataille allait s'engager, lorsqu'Aruns sortit des rangs et alla défier Brutus en l'accablant d'injures : celui-ci, malgré l'armée, et oubliant pour la première fois son devoir, se précipite sur son adversaire, le tue, et frappé lui-même d'un coup mortel, il meurt au moment de voir triompher les Romains, pour qui il avait déjà donné plus que sa vie!... Après une victoire éclatante, l'armée rapporta tristement sur le corps de Brutus. Ses funérailles furent célébrées avec pompe; les dames romaines portèrent le deuil pendant un an, et une statue lui fut érigée dans le Capitole : le vengeur de Lucrèce était représenté un poignard à la main.

M. C.

ANGLETERRE.

CANNING.

Né le 11 avril 1770, mort le 8 août 1827.

XIX⁵ SIÈCLE.

SYNCHRONISMES.

États-généraux en France. — Assemblée Constituante. — Convention. — La république. — Gouvernement révolutionnaire. — Marat. — Robespierre. — Le Directoire. Bonaparte. — Consulat. — Empire. Conquêtes des Français. — Revers et exil de Napoléon. — Première restauration. — Les Cent Jours. — Deuxième restauration. — Sainte-Alliance. — Ministère de Decaze, Louis, etc. — Ministère de Villèle, Corbière, Peyronnet. Révolution en Espagne (1820). — Intervention des Français. Révolution de Portugal (1820). — Retour de Jean VI en Europe. — Don Pédro, vice-roi du Brésil. — Mort de Jean VI. — Constitution du Brésil. Première restauration des Bourbons à Naples. — Marie-Caroline et Nelson. — Dynastie des Bonaparte. — Joseph, Joachim, Murat. — Deuxième restauration des Bourbon. — Révolution de 1820. Intervention de l'Autriche. Fin du règne de Catherine en Russie. — Paul I⁵⁷. — Le célèbre diplomate Repnin. — Assassinat de Paul I⁵⁷. — Alexandre. — Sa mort (1826). — Nicolas. — Guerre avec la Perse.

MINISTRE.

TITRES HISTORIQUES.

Discours nombreux en faveur de l'émancipation catholique.
Mesures contre la traite des nègres.
Reconnaissance de l'indépendance du Brésil.
Secours aux Portugais constitutionnels.
Efforts énergiques pour établir la liberté civile et religieuse dans tout l'univers.
Protection active au commerce, aux arts et à l'industrie.
Traité d'alliance en faveur des Grecs, avec la France et la Russie.
Refus de signer la paix avec Bonaparte, premier consul.
Bombardement de Copenhague.
— Politique ambitieuse et incertaine jusqu'en 1812.

NOTICE.

George Canning était fils d'un avocat qui n'est connu que par des poésies médiocres et quelques brochures politiques assez piquantes. A la mort de son père, Canning, encore au berceau, fut confié aux soins d'un de ses oncles ; et envoyé plus tard au collège d'Éton, il en devint un des élèves les plus distingués. Ce fut là qu'il contracta une amitié intime avec Jenkinson (lord Liverpool), dont la mérite peu apparent ne présageait rien encore l'élévation future. Là aussi, en 1786, Canning se fit remarquer par la publication du Microcosme, ouvrage périodique, dont il était un des principaux rédacteurs : on aperçoit dans ses articles un penchant décidé à l'observation critique. Déjà, il avait fait, sous le titre de Pétition au Parlement pour obtenir l'autorisation d'établir un magasin d'esprit, une satire assez mordante sur la facilité naturelle des gens du monde. Cependant son premier ouvrage avait décelé une tournure d'esprit tout autre : c'était une élégie sur l'asservissement de la Grèce, où l'on reconnaît l'expression touchante d'une mélancolie énergique, les premiers élans d'une âme sensible et généreuse. Placé, en 1788, à l'université d'Oxford, Canning y termina ses classes, et entra ensuite à Midle-Temple, où il étudia le droit avec son opiniâtreté. Dès ce moment, sa carrière future ne fut plus douteuse : ses talens opposés se fondirent dans un goût décidé pour les sciences politiques ; il s'adonna, sous les yeux de Fox et de Shéridan, à l'éloquence de la tribune, fit ses premiers essais dans les assemblées des membres de l'opposition, réunis sous le nom d'Amis du peuple ; enfin, devenu, par l'entremise de Jenkinson, le favori et l'élève du fameux Pitt, alors ministre, il fut appelé à la Chambre des communes en 1793. Ce ne fut que l'année suivante qu'il y porta pour la première fois la parole, à l'occasion du traité à conclure avec la Sardaigne. Il soutint constamment le ministère de Pitt, auquel il parut se croire entièrement dévoué par la reconnaissance, peut-être aussi par l'ambition. En 1796, il fut nommé ministre des affaires étrangères. Le parlement ayant été dissous, Canning fut élu de nouveau, et, dans cette session, il s'éleva avec énergie contre la traite des nègres (1797). Deux ans après, il épousa miss Scott, belle-sœur de Lichfield (duc de Portland), l'un des hommes d'état les plus distingués de l'Europe. L'influence politique de Canning en Angleterre se manifesta bientôt : soit qu'il vît un effet du la haine qu'il partageait avec Pitt pour la France, soit par antipathie pour le gouvernement républicain, il détermina le cabinet anglais à refuser la paix offerte par Bonaparte, alors premier consul, et fit ainsi peser sur sa tête toutes les conséquences de cette inflagration générale, qui devait coûter tant de sang à l'Europe (1801). Embarrassé par les événemens, Pitt se retira. Canning le suivit et ne cessa d'attaquer l'administration de son successeur, Addington. Ils reparurent au ministère ; et, trois ans plus tard, à la mort de Pitt, Canning, devenu trésorier de la marine, abandonna une seconde fois l'administration. Rappelé au parlement, il occupa souvent la tribune pour soutenir les ministres, et fit preuve d'une éloquence mâle et moins prétentieuse que jusqu'alors. Sept mois après la mort de Fox (1807), ayant remplacé Grey au secrétariat des affaires étrangères, il ne tarda pas à marquer sa prééminence au ministère. Napoléon, plus que jamais occupé à mettre à exécution son système continental, venait de signer à Tilsitt une alliance avec la Russie, la Prusse et le Danemarck. Canning, effrayé du danger qui menaçait son pays, tenta de séparer les Danois de cette alliance : n'en obtenant aucune réponse décisive, il leur fait déclarer la guerre, et, trois jours après cette notification, les troupes anglaises opèrent leur débarquement devant Copenhague.

Après de nouvelles propositions, toujours rejetées, ils bombardent la ville, et forcent les Danois à capituler en livrant leur flotte entière à l'amiral anglais. Napoléon et Alexandre offrent la paix au cabinet de Londres ; Canning la refuse de nouveau avec hauteur et sans hésiter. Une vive opposition se manifesta au parlement à cette occasion ; le ministre de la guerre, Castlereagh, dont Canning avait, dit-on, blâmé l'indécision dans l'expédition de Copenhague, lui en demanda satisfaction. Un duel s'en suivit ; Canning fut blessé à la cuisse ; les deux ministres, las d'être blâmés, se retirèrent (1809). Au parlement de 1812, Canning se prononça fortement pour l'émancipation catholique. On se hâta de l'envoyer en ambassade à Lisbonne ; et ce fut en revenant de cette mission que l'ennemi irréconciliable des Français fut reçu en triomphe à Bordeaux (1816). A son arrivée à Londres, il devient président du contrôle ; mais bientôt, après avoir refusé de prendre part au procès de la reine Caroline, il quitte le ministère et voyage en Italie et en Grèce, où se manifestaient déjà les symptômes d'un réveil terrible. A son retour, ses ennemis, pour l'éloigner, lui donnent le gouvernement des Indes Orientales. Tout-à-coup la mort de Londonderry change la face des affaires ; Canning reçoit de nouveau le portefeuille des relations extérieures. Depuis ce moment, soit qu'il sentît que son influence politique était pour jamais assurée, soit que les grands événemens qui s'étaient passés sous ses yeux depuis 40 ans lui eussent enfin dicté un autre système, Canning sembla changer ou modifier une partie de ses opinions, et il le fit avec une franchise digne des plus grands éloges. On le vit successivement s'opposer, dans un but, si non juste, au moins raisonnable, à l'entrée des Français en Espagne ; appuyer constamment l'émancipation catholique ; prendre des mesures contre la traite des nègres, et adoucir le sort des esclaves sans blesser les intérêts des colons ; amener insensiblement le Portugal à reconnaître l'indépendance du Brésil (premier janvier 1825) ; faire un traité de commerce entre l'Angleterre et la Colombie (7 septembre 1825) ; soutenir contre une opposition violente la loi des céréales et la liberté de l'industrie ; arrêter les progrès des absolutistes espagnols en Portugal ; en un mot s'efforcer d'établir, comme il l'avait annoncé au parlement, la liberté civile et religieuse dans tout l'univers. A la mort de son ami lord Liverpool, Canning, nommé premier ministre, organisa un nouveau cabinet ; où il voulut faire entrer Wellington. Celui-ci refusa d'en faire partie, et il paraît certain que ce fut pour qu'une administration dont il à charger ne pas partager les opinions, qu'il fit adopter à la chambre des Pairs un amendement contre la loi des céréales. Quoi qu'il en soit, dans la séance du 18 juin (1827), Canning sut triompher à la chambre des Communes de cette opposition malveillante. Après avoir donné tous ses soins aux réformes à opérer dans l'administration commerciale et industrielle du royaume, et diminué l'âpreté dangereuse, si non rétabli l'unité des opinions politiques, il réussit enfin à jeter les fondemens de l'indépendance du Brésil par le traité du 6 juillet, qui ne précéda que de quelques semaines sa mort prématurée. Ainsi parut se réaliser, dans les derniers jours de Canning, le rêve dont il berçait encore si tendrement son imagination. A ses premiers pas dans la vie, il avait pleuré sur l'asservissement des Grecs ; en descendant au tombeau, il souriait à leur avenir, à celui de l'Angleterre et du monde entier, dont il emportait les regrets. Les dames anglaises prirent le deuil à sa mort, et une médaille fut frappée par la France constitutionnelle en mémoire du grand ministre qui proclama la liberté civile et religieuse pour tout l'univers.

M. C.

Imprimerie et Fonderie de J. PINARD, rue d'Anjou-Dauphine, n. 8, à Paris.

FRANCE.
CATHERINE DE MÉDICIS.
Née le 13 avril 1519, morte le 5 janvier 1589.

XVIe SIÈCLE.　　　　　　　　　　　　　　　　　　　　　　　　REINE.

SYNCHRONISMES.　　　　　　　　　　　　　　　　　　　　**TITRES HISTORIQUES.**

Découverte du Japon.
Concile de Trente.
Mort de Luther.
Abdication de Charles-Quint. — Philippe II, roi d'Espagne. — Meurtre de Don Carlos.
Elisabeth, reine d'Angleterre.
Prise de Chypre par les Turcs. — Bataille de Lépante.
Extinction des Jagellons en Pologne.
Découverte de la Sibérie par les Cosaques.
Réformation du calendrier Julien par le Pape Grégoire. — Sixte V.
Premiers établissemens des Anglais en Amérique.
Mort de Marie Stuart.

Mère et femme de quatre rois.
Embellissemens de la capitale. — Construction des Tuileries.
Protection accordée aux arts et aux sciences.
La poésie encouragée: Ronsard, Dorat, Baïf.
La Bibliothèque royale enrichie d'un grand nombre de manuscrits.
Luxe excessif. — Progrès de l'industrie.
Ambition démesurée.
Incroyable superstition.
Politique artificieuse et sanguinaire. — La Saint-Barthélemy.

NOTICE.

Fille unique de Laurent de Médicis, duc d'Urbin, et de Madeleine de La Tour-d'Auvergne, Catherine naquit à Florence. Son mariage avec Henri, duc d'Orléans, second fils de France, cimenta l'union de Clément VII, son oncle, et de François Ier, contre l'empereur Charles-Quint (1533). A son arrivée à la cour, placée entre la duchesse d'Etampes, favorite du roi, et Diane de Poitiers, maîtresse de son époux, elle eut l'adresse de gagner l'affection de l'une et de l'autre. Le dauphin François étant mort, Henri II hérita de la couronne de son père (1547). De nombreuses factions commençaient à se former dans le royaume; la reine, sans crédit et sans pouvoir, sut dissimuler habilement l'ambition qui la dévorait, et douze années de repos et d'obscurité la préparèrent à la lutte sanglante qu'elle allait soutenir. Le meurtre involontaire d'Henri, aux joûtes des Tournelles, plaça sur le trône l'aîné de ses fils, François II, âgé de seize ans (1559). Le cardinal de Lorraine et le duc de Guise, oncles de Marie Stuart, devenue reine de France, furent chargés du gouvernement. Catherine, réduite à intriguer, jura aux Guise une haine éternelle, enhardit les mécontens, sembla favoriser les nouvelles doctrines, et prêta, dit-on, les mains à la conjuration d'Amboise (1560). Mais, voyant le peu de succès de cette entreprise, elle feignit de se réconcilier avec les ministres du roi, et abandonna le prince de Condé. Arrêté, contre la foi jurée, aux états d'Orléans, ce malheureux prince allait porter sa tête sur un échafaud, lorsque la mort de François mit son frère Charles IX sur le trône, brisa les fers de Condé, et donna la régence à l'ambitieuse Médicis. Forcée de partager le pouvoir avec Antoine de Bourbon, roi de Navarre, elle trouva moyen de se débarrasser de ce puissant rival. Les Guise et le connétable de Montmorency furent éloignés du conseil, et les huguenots jouirent de la plus grande faveur; la reine voulait les détacher du parti de Bourbon; mais ce prince, gagné par le triumvirat, composé du duc de Guise, du connétable et du maréchal de Saint-André, abandonna lui-même les reformes. Le triumvirs enlevèrent le roi, pour donner à leur cause une apparence de légitimité; Catherine écrivit au prince de Condé de prendre les armes pour délivrer son roi, et la première guerre civile éclata (1562). Les sièges de Rouen, d'Orléans, les batailles de Dreux, de Saint-Denis, de Jarnac, de Moncontour et d'Arnay-le-Duc, la mort du roi de Navarre, du duc de Guise, du maréchal de Saint-André et du prince de Condé: tels furent les principaux événemens de ces longs désordres. Tour à tour favorable aux réformés et aux Guise, la politique vacillante et incertaine de Catherine fut toujours justifiée par les événemens. A la majorité de Charles IX (1563), elle sut conserver son empire sur l'esprit de ce prince, qu'elle avait eu soin de façonner à son joug, et il est hors de doute que ce fut en cédant à ses insinuations, que Charles consentit au massacre des protestans. Le mariage du jeune roi de Navarre (Henri IV) avec Marguerite de Valois, sœur du roi, avait attiré à la cour Coligny et les principaux chefs de son parti (1572). La paix, qu'une pareille union semblait devoir consolider, n'était qu'une amorce. La mort de la reine de Navarre (9 juin) fut la première scène de ce drame: on accusa Médicis de l'avoir empoisonnée. Le 24 août, veille de la Saint-Barthélemy, le massacre de Coligny donna le signal dans toute la France; on égorgea soixante mille protestans, et ces odieuses rigueurs ne furent pas même salutaires. Les réformés, échappés au carnage, prirent les armes, et la guerre recommença avec plus de fureur. La France était couverte d'échafauds, et Charles IX, bourrelé de remords, vengeait le crime par le crime, lorsque la main de Dieu s'appesantit sur lui. Il mourut, à peine âgé de vingt-cinq ans, après avoir expédié les lettres de régence à Catherine (1574). Henri III, alors roi de Pologne, succéda à son frère. Les huguenots se relevaient de toutes parts; le monarque leur accorda un édit de pacification, et la fureur des catholiques enfanta la ligue (1576). L'influence de la reine-mère diminuait. Réduit à choisir entre les protestans et un parti plus fort que lui-même, Henri hésita; le duc de Guise profita de sa faiblesse; la faveur populaire l'appelait à la succession du trône, vacante depuis la mort du duc d'Anjou, et la faveur populaire fit la journée des Barricades (1588). Henri, moins roi que son puissant vassal, se fit justice au moyen d'une lâcheté. Les états furent convoqués à Blois: la reine-mère y vint, mais elle ne prit aucune part au meurtre de Guise, qui fut assassiné dans le cabinet du roi, au-dessus de la chambre où elle reposait. Dédaignée, abandonnée par tous les partis, elle mourut à Blois à l'âge de soixante-dix ans (1589). Catherine ne fut ni méchante que politique, elle n'eut jamais de plan de conduite fixe et déterminé: on doit rapporter toutes ses actions aux circonstances. Redoutant également le présent et l'avenir, dont elle cherche à écarter les ténèbres, dévorée de la soif de régner, indulgente et cruelle tour à tour, superstitieuse et incrédule, aujourd'hui timide comme son sexe, demain à la tête des armées méprisant les hasards de la guerre, impénétrable à l'œil et à la pensée, caressant tous les partis qu'un jour plus tard elle sacrifiera à son ambition, telle est Catherine! Toutefois, on ne peut s'empêcher de lui reconnaître quelques bonnes qualités. Elle aimait les arts, les sciences et la poésie; Ronsard, Dorat, Baïf, eurent part à sa munificence. Elle fit bâtir les Tuileries, et embellit la France de plusieurs châteaux que l'on admire encore. Le goût du luxe qu'elle apporta de Florence tempéra la simplicité chevaleresque de la vieille cour de François Ier; mais l'exagération des courtisans fit naître la licence, et les parfumeurs devinrent des hommes importans, sous la domination de Catherine: sa cour était la plus brillante de l'Europe; on l'accusa de s'être entourée d'un essaim de jeunes beautés, dont elle se servait pour amorcer et séduire ceux que son or et ses menaces n'avaient pu émouvoir. Elle croyait à l'astrologie judiciaire et à la magie: renfermée à l'hôtel de Soissons avec le florentin Cosme Ruggieri, elle consultait les astres du haut d'une tour, qui existe encore sur l'emplacement de la halle au blé. Prodigue à l'excès, elle mourut endettée de huit cent mille écus. Les poètes, qu'elle avait favorisés pendant sa vie, ne l'oublièrent pas après sa mort; on lit dans une vieille chronique cette épitaphe vraiment caractéristique:

> La reine qui cy-gît, fut un diable et un ange,
> Toute pleine de blâme et pleine de louange.
> Elle soutint l'Etat et l'Etat mit à bas;
> Elle fit maints accords et pas moins de débats;
> Elle accoucha de trois rois et cinq guerres civiles;
> Fit bâtir des châteaux et ruiner des villes;
> Fit bien de bonnes lois et de mauvais édits;
> Souhaite lui, passant, enfer et paradis.

D. A. D.

Imprimerie de J. PINARD, rue d'Anjou-Dauphine, n. 8, à Paris.

| XVIIIᵉ SIÈCLE. | RUSSIE. | IMPÉRATRICE. |

CATHERINE II.

Née le............ 1729, morte le 9 novembre 1796.

SYNCHRONISMES.

Louis XV, roi de France. — Les Jésuites sont chassés du royaume. — Cession de l'île de Corse à la France par la République de Gênes. — Louis XVI. — Révolution en France. — République Française. — Mort de Louis XVI. — Coalition de l'Europe contre la France. — Chute de Robespierre. — Bonaparte, général en chef de l'armée d'Italie. — Bataille d'Arcole. Gustave III, roi de Suède. — Révolution monarchique. — Gustave III est assassiné. — Gustave IV.
Mort de Frédéric-le-Grand, roi de Prusse. — Frédéric II.
Joseph II, empereur d'Allemagne. — Léopold II. — François II. — Charles IV, roi d'Espagne.
Ouverture du Congrès américain. — Guerre de l'Indépendance. — Washington.
Abolition de l'ordre des Jésuites par Clément XIV.
Loi contre la traite des nègres par Frédéric VI, roi de Danemarck.

TITRES HISTORIQUES.

Agrandissement de l'empire.
Prépondérance de la Russie en Europe.
Progrès de la civilisation. — Lois utiles. — Travaux faits par elle-même sur la législation.
Protection au commerce, à l'industrie, aux arts et aux sciences.
Correspondance avec Voltaire, Grimm, Diderot et d'Alembert.
Qualités d'un grand monarque.
Faiblesses d'une femme sans mœurs.
Gouvernement despotique.
Ambition sanguinaire.
Assassinat de Pierre III et d'Ivan.
Réclusion de la princesse Tarrakanoff.
Partage de la Pologne.

NOTICE.

CATHERINE II (Sophie-Auguste d'Anhalt-Zerbst), fille d'un petit prince allemand, naquit à Stettin (1729). Une imagination forte facilita les progrès de son éducation ; une dissipation continuelle en détruisit presque entièrement les effets. Elle avait quinze ans, lorsqu'un caprice de femme l'appela au trône des Czars en lui donnant la main de Pierre, petit-fils de Pierre-le-Grand (1744). Catherine ressemblait à son oncle, qui avait été l'amant d'Élisabeth : c'en fut assez, dit-on, pour fixer le choix de cette voluptueuse czarine, qui voulait écarter du trône, même après sa mort, le jeune Ivan, dont elle avait usurpé les droits. La civilisation, ébauchée en Russie par les czars Alexis et Fédor, avancée encore sous le règne de Pierre-le-Grand, semblait n'avoir produit que la corruption des mœurs ; un despotisme honteux avait succédé aux abus de l'aristocratie. Trois souveraines, Catherine Iʳᵉ, Anne et Élisabeth avaient soutenu, et quelquefois favorisé, les progrès des lumières en Russie ; mais on eût dit que leurs dérèglements étaient le plus sacré de leurs droits au trône. Catherine, douée d'une beauté mâle, d'un tempérament ardent, ne manqua pas de suivre l'exemple de la grande-duchesse, et par ses droits éventuels au trône, pouvait à peine lui faire observer ses devoirs extérieurs envers son époux. Elle eut en peu de temps deux amans déclarés, Solticof et Poniatowski ; et Grégoire Orloff venait de les supplanter lorsqu'Élisabeth mourut (1761). Parvenu au trône, Pierre III s'empressa de faire la paix avec Frédéric, roi de Prusse, dont il était le disciple fanatisé. Il s'occupa aussi de faire quelques réformes dans la législation. Mais ce prince, crapuleux, grossier, et déjà peu respecté de ses sujets, acheva de s'aliéner leur faveur en voulant leur imposer les mœurs allemandes. D'un autre côté, il laissait apercevoir son aversion pour la czarine et l'intention de se désigner un autre successeur que Catherine. On dit même qu'il jeta les yeux sur le malheureux Ivan. Il n'en fallut pas davantage, et une conspiration fut tramée contre lui par le comte Panin, Grégoire et Alexis Orloff, et la jeune et ambitieuse princesse d'Aschkoff. Au moment d'être surpris, les conjurés éclatèrent ; les troupes, vendues ou entraînées par le désir de voir un règne plus glorieux, saluèrent Catherine empereur ; Pierre, faible et sans énergie, se laissa traîner dans une prison, signa la plus honteuse abdication et, enfin, par l'ordre ou du consentement de son épouse, fut empoisonné, puis étranglé (1762). Moins de quarante ans plus tard, son fils (Paul Iᵉʳ) devait éprouver le même sort !... Catherine voulut le faire oublier. Après s'être fait couronner solennellement, elle essaya d'encourager le commerce et l'industrie, fit équiper des vaisseaux, établit quelques réformes dans la manière de rendre la justice. Cependant, l'empoisonneur de Pierre fut nommé médecin du grand-duc son fils ; les Orloff furent nommés comtes, et Panin ministre des affaires étrangères. Le peuple s'indigna de l'insolence de ces illustres assassins ; l'armée elle-même et le clergé murmurèrent hautement. Catherine fit disparaître les plus mécontens et ne songea plus qu'à se faire craindre au dehors. Elle força les Courlandais à se soumettre une seconde fois au gouvernement despotique de Biren, qu'elle avait rappelé de l'exil, et qui remplaça le comte Charles-Maurice de Saxe. Deux ans plus tard, à la mort d'Auguste III, elle mit sur le trône de Pologne son ancien amant Poniatowski (1764). Cependant les troubles intérieurs s'étaient accrus : on conspirait à Saint-Pétersbourg, à Moscou ; on nomma le jeune Ivan, et le malheureux prince fut assassiné dans sa prison (1755). Ce nouveau crime demandait une nouvelle réparation : Catherine convoqua à Moscou les députés de toutes les provinces de l'empire, leur fait lire des instructions écrites par elle-même pour la réforme de la législation, et reçoit de l'Assemblée entière les marques de la plus vive admiration. Mais il s'éleva de nombreuses réclamations contre le despotisme des gouverneurs de provinces ; on parla de la liberté des paysans ; Catherine craignit un éclat ; les députés furent congédiés. Catherine eut raison : les abus accumulés sont comme la poudre fortement comprimée ; leur explosion est subite et violente. Après cette parade, qui lui valut l'admiration de l'Europe, elle poursuivit contre les Turcs la guerre que les ministres français Vergennes et Choiseul lui avaient suscitée pour déranger ses projets de domination universelle. Mais leur espoir fut déçu, et de nombreuses défaites décimèrent pendant huit ans l'armée ottomane. En même temps Catherine se liait avec la Prusse et l'Autriche, par le premier partage de la Pologne (1774), et déconcertait ainsi la politique justement effrayée de la France et de l'Angleterre. L'année suivante elle fit une paix avantageuse avec les Turcs. Ce fut alors que parut, comme l'ombre de Pierre III, un Cosaque, nommé Pugatschef, qui, sous le nom de l'empereur assassiné, souleva en sa faveur le peuple, accablé d'impôts, de vexations, désespéré par la peste. Après des succès imporians, qui ne firent qu'ajouter aux maux de la nation, Pugatschef fut vaincu et mis à mort. Un nouveau favori de Catherine, le célèbre Potemkin, commençait à figurer à la cour et sur la scène politique. Pendant plusieurs années, il partagea en quelque sorte le pouvoir de l'impératrice. A l'aide de ses conseils, elle réforma l'administration intérieure et donna de nouveaux encouragemens au commerce. Ce fut lui qui soutint la seconde guerre contre les Turcs, et les réduisit à reconnaître l'indépendance de la Crimée (1777). A son instigation, elle visita les provinces de son royaume qui avaient eu le plus de part aux derniers soulèvemens ; et enfin il fit avec elle ce fameux voyage dans les déserts de la Crimée, où il créa, pour flatter l'ambition et la vanité de sa souveraine, tous les prestiges d'une civilisation de carton (1787). Sur un arc de triomphe élevé dans la ville de Cherson, Potemkin avait fait écrire ces mots : « C'EST ICI LE CHEMIN DE BYSANCE. » L'empereur Joseph II, qui suivait Catherine, plutôt comme courtisan que comme souverain, promit d'appuyer ses desseins contre les Turcs, et prolongea ainsi le rêve de l'ambitieux Potemkin. L'Angleterre et la Prusse (Frédéric II était mort) soulevèrent de nouveau les Turcs ; mais cette guerre fut désastreuse pour eux, et leur flotte fut presque entièrement détruite sur la mer Noire. Enfin les deux nations, épuisées, firent la paix à Jassy (1793). Potemkin mourut des suites de ses débauches, en revenant de cette campagne. Les grands de Russie, dans l'impossibilité de lever les impôts sur un peuple épuisé par la guerre, demandèrent un partage entier de la Pologne. Catherine l'exécuta, de concert avec le roi de Prusse, et cette fois, à l'exclusion de l'Autriche. L'année suivante, les Polonais se soulevèrent à la voix de Kosciusko ; Souvarow acheva de les soumettre par la ruine totale de plusieurs provinces et par le massacre du faubourg de Prague. La politique Catherine crut voir dans cette dernière crise un contre-coup de la révolution française qui venait d'éclater. Elle songeait tout à la fois à profiter des troubles de la France, à détruire la domination des Anglais au Bengale, et à chasser les Turcs d'Europe, lorsqu'elle mourut d'une attaque d'apoplexie (1796). Les historiens s'accordent à attribuer à Catherine toutes les grandes qualités d'un homme de génie, toutes les faiblesses de son sexe. Elle descendit jusqu'à la crapule pour tout ce qui regarde les plaisirs de l'amour ; pour tout le reste, l'ambition, la fierté, le désir excessif de la gloire, la dominaient entièrement. Aussi voulut-elle être en correspondance avec tous les savans du temps ; et ses rapports avec Voltaire ne ressemblent pas mal au trafic de deux hommes affamés de louanges.

C. de S. M.

Imprimerie et Fonderie de J. PINARD, rue d'Anjou-Dauphine, n° 8, à Paris.

ROME.

DERNIER SIÈCLE AV. J.-C.

CÉSAR.

EMPEREUR.

SYNCHRONISMES.

Né l'an 100. — Mort l'an 43 avant J.-C.

TITRES HISTORIQUES.

Spartacus, Mithridate.

Crassus et Pompée, Verrès et Cicéron. — Prise de Jérusalem par Pompée. — Catilina.

Indiens poussés sur les côtes de la Germanie.

Tribunat de Clodius.

Gaule. — Factions des Éduens et des Arverniens. — Gouvernement aristocratique. — Druides, Bardes.

Troubles en Judée. — Arabes vaincus.

Révolte générale de la Gaule.

Grande-Bretagne divisée en petits royaumes. — Cassibelan, chef des Bretons. — Suréna, chef des Bretons — Suréna, chef des Parthes. — Crassus et son fils, tués.

Milon tue Clodius.

Prise de Marseille. — Pompée déclaré, à Thessalonique, chef de la république.

Ptolémée et Cléopâtre en Égypte.

Marc-Antoine et Dolabella à Rome. — L'historien Salluste en Numidie.

Guerre en Cilicie contre les Pirates.

Questure en Espagne.

Préture dans la Gaule cisalpine.

Triumvirat.

Guerre de Gaules.

Arioviste et Vercingétorix vaincus. — Descentes dans la Grande-Bretagne. — La Gaule pacifiée.

Rivalité entre César et Pompée. — Le Rubicon passé.

Conquête de la Sicile et de la Sardaigne. — L'Espagne soumise en une campagne. — Bataille de Pharsale.

Clémence de César. — Fol amour pour Cléopâtre.

Pharnace, Metellus, Juba vaincus.

Quatre triomphes, la dictature, le titre d'Imperator, accordé à César.

Bienfaits et abus de son administration.

Bataille de Munda.

NOTICE.

La république romaine devait périr ; il ne s'agissait plus que de savoir par qui elle serait asservie : César naquit. Issu de l'ancienne et noble famille des Julius, il perdit son père à 17 ans ; les passions et le malheur rendirent sa jeunesse orageuse. Tourmenté par la fièvre, poursuivi par Sylla, il changeait toutes les nuits de retraite, et l'on n'obtint qu'avec peine sa grâce du dictateur. « Gardez-vous, disait-il, de ce jeune-homme à la tournure efféminée ; je vois en lui plusieurs Marius. » César fut forcé de quitter l'Italie ; mais, pendant son exil, il apprit l'art de la guerre et celui de l'éloquence. Il servit en Grèce, en Asie, et, le futur destructeur de la liberté obtint une couronne civique au siège de Mytilène. Bientôt la mort de Sylla le ramena à Rome. Neveu de Marius, gendre de Cinna, il entreprend de relever leur parti, parce que c'était celui du peuple ; déploie devant la multitude toutes les séductions de la gloire et de la bonté, et se fait une arme auprès d'elle tantôt de la vertu, tantôt de la débauche. Avant de parvenir à aucune charge il devait déjà 1,300 talens (3 millions 900,000 fr.). Tribun, édile, questeur, pontife, préteur à trente ans, il s'écriait, à la vue d'une statue d'Alexandre : « A l'âge où je suis, il avait conquis le monde, et je n'ai encore rien fait de mémorable ! » Pendant son édilité, César gagna le peuple par ses largesses et effraya le sénat par le luxe de gladiateurs qu'il déploya dans Rome. Fort de sa popularité, il osa placer dans le Capitole la statue et les trophées de Marius. Ce fut un triomphe contre lequel Catulus voulut en vain protester dans le sénat. L'affaire de Catilina lui fut moins favorable ; il fut soupçonné. Probablement lui et Crassus connaissaient le complot, mais il était de leur intérêt de ne laisser tout l'odieux à un auteur, pour en profiter ensuite. Ce fut vers cette époque qu'il répudia sa femme, accusée d'intrigues criminelles avec Clodius : « L'épouse de César, dit-il, ne doit pas même être soupçonnée. » Appelé au gouvernement de l'Espagne, il fut arrêté au départ par ses créanciers, dont Crassus le délivra. Les succès qu'il obtint dans cette province le mirent à même de refuser le triomphe pour briguer le consulat. Alors Pompée était le plus puissant, Crassus le plus riche citoyen de Rome. Le plus ambitieux eut l'art de les réunir : ils se précipitèrent d'eux-mêmes dans cette amitié dangereuse. César donna sa fille à Pompée, prêta l'appui de son crédit à Crassus : le triumvirat fut formé et trois hommes se partagèrent le monde. César eut le consulat, les Gaules et l'Illyrie, Crassus la Syrie, Pompée les Espagnes. Cette affaire était leur triple pouvoir ; la loi agraire est adoptée, malgré Bibulus et Caton. Cicéron, qui ne veut pas s'unir à eux, est livré aux fureurs de Clodius. César s'était fait adjuger les Gaules, parce qu'il y avait là de la gloire à acquérir. Il aspirait bien moins à gouverner la Gaule romaine (le Languedoc et la Provence) qu'à subjuguer la Gaule indépendante (la Celtique, la Belgique et l'Aquitaine). Déjà nos ancêtres étaient les plus braves des hommes, c'est un romain qui le dit : déjà ils étaient légers, et se consolaient de leurs peines en chantant, si l'on en croit César lui-même, dont les Commentaires, réputés classiques par les littérateurs et les généraux, ont eu deux de nos rois pour traducteurs. Qui ne connaît les exploits de César dans cette guerre, et l'héroïque résistance que lui opposèrent les Helvétiens, les Arverniens, les Vénètes, les Carnètes, Arioviste et Vercingétorix ? Il porte ses étendards jusque sur les bords de la Tamise, et la liberté gauloise succombe sous les murs d'Alésia ; mais les écrits du vainqueur déposent de ce que lui coûta son triomphe. Cependant Crassus était en Asie, ce qui hâta la rupture entre César et Pompée. Ce dernier, dans son imprudence, avait prêté ses légions à César. Son rival, plus adroit, après avoir subjugué la Gaule avec le fer des Romains, subjugua les Romains avec l'or des Gaules. Le sénat et Pompée virent alors que César voulait donner : c'était ouvrir les yeux un peu tard. On refusa de lui continuer son gouvernement des Gaules : il demanda que Pompée se démît de celui des Espagnes. Pour toute réponse le consul Marcellus investit Pompée du pouvoir de défendre la patrie contre César. Celui-ci à qui l'on ordonne de licencier ses troupes, répond à son tour en passant le Rubicon, malgré le fameux sénatus-consulte. A ce coup hardi, Rome est frappée de stupeur, Pompée, d'abord aussi confiant qu'il avait été aveugle, se déconcerte et prend la fuite. Tout ce qu'il y a d'illustre dans Rome l'accompagne. Il s'enferme dans Brindes ; César le poursuit, tout en pardonnant et en proposant la paix. Enfin, Pompée quitte l'Italie, pour se réfugier en Épire. Son rival, après avoir défait ses lieutenans en Espagne s'être fait nommer dictateur, va en Grèce le chercher lui-même. D'abord, son armée, désolée par la famine, est sur le point de périr ; toute cette émigration présomptueuse qui entoure Pompée excite sa vanité à une bataille ; quelques succès achèvent de les aveugler : Pompée joue l'empire du monde à Pharsale, et le perd : il fuit tandis que César pardonne aux vaincus ; bientôt il est lâchement assassiné en Égypte. L'heureux vainqueur honore son triomphe en pleurant sur les restes de son rival ; mais ses amours avec Cléopâtre donnent au parti abattu le temps de se relever. Il est obligé d'aller combattre, en Espagne, les fils de Pompée, en Afrique, Juba et Caton, qui emporte la liberté dans sa tombe. Quatre triomphes, la dictature perpétuelle, le titre d'empereur, la permission de couvrir son front chauve d'une couronne de laurier, sont le prix de ses succès. Il pardonne à tout le monde ; mais n'oublions pas qu'il avait tout usurpé. D'immenses travaux sont entrepris pour l'embellissement de Rome, le droit est réformé, des bibliothèques sont ouvertes, les monumens de la Grèce apportés en Italie, le calendrier rétabli sur des bases qui ont résisté à l'épreuve du temps. Malgré son adresse, malgré sa grandeur d'âme, César avait encore des ennemis. Il choqua le sénat en ne se levant pas devant lui. Il se fit offrir un diadème par Marc-Antoine : dès lors sa perte fut jurée. Brutus et Cassius se mirent à la tête du complot, l'un, que l'on disait son fils, par haine pour le tyran, l'autre par haine pour l'homme. On entraîna César au sénat, en le flattant du titre de roi : la mort l'y attendait. Percé de 23 coups de poignard, il tomba aux pieds de la statue de Pompée. « Et toi aussi, mon cher Brutus, » furent les derniers mots qu'il prononça. L'action de Brutus et de Cassius fut au moins inutile : le jeune Octave apprit bientôt au monde que les maîtres ne lui manqueraient pas. Rien ne peint mieux César que cette maxime qu'il affectionnait : « S'il faut violer la justice, c'est pour régner qu'il est beau de le faire ; pour tout le reste, soyez honnête homme. » C'est dire qu'il fut aussi grand que peut l'être un oppresseur de la liberté.

B.-E.-J. R.

Imprimerie et Fonderie de J. Pinard, rue d'Anjon-Dauphine, n. 8, à Paris.

FRANCE.

CHARLEMAGNE.

Né le.............. — Mort le 28 janvier 814.

VIIIe SIÈCLE. — SYNCHRONISMES.

ROI. — TITRES HISTORIQUES.

SYNCHRONISMES.

Décadence de l'empire de Constantinople.

L'autorité des papes devient plus imposante.

Aaron-le-Juste favorise les chrétiens d'Orient. — Après sa mort, les Sarrasins s'emparent de la Terre-Sainte, et les persécutent.

Heptarchie Saxonne dans la Grande-Bretagne. — Egbert, descendant des rois de Wessex, soumet les autres princes saxons, et jette les fondemens du royaume d'Angleterre.

Des Saxons échappés aux massacres de Charlemagne se joignent aux habitans du Jutland, et, sous le nom de Danois, commencent leurs incursions sur les côtes de la France.

Grandeur de l'Espagne sous les rois maures.

Abdérame, dernier roi de cette dynastie.

Alphonse II, roi des Asturies.

TITRES HISTORIQUES.

Agrandissement du royaume par la conquête de l'Italie, de la Bretagne, de la Bavière et de la Hongrie.

Progrès de la civilisation en France.

Capitulaires.

Influence politique des parlemens.

Assemblées administratives dans les provinces, pour l'exécution des lois.

Écoles publiques.

Protection aux arts, à l'industrie et au commerce.

Réparation des ports, et construction de deux flottes pour résister aux Danois et aux Sarrasins.

Entreprise d'un canal pour joindre l'Océan à la Mer-Noire.

Ambition démesurée.

Guerres injustes.

Massacre de trente mille Saxons.

Propagation des fiefs.

NOTICE.

Charles Ier, dit Charlemagne, fils de Pépin-le-Bref, naquit dans la haute Bavière. On ne connaît pas la date précise de sa naissance, et l'on n'a aucun document certain sur les premières années de sa jeunesse. A la mort de Pépin (768), il partagea le royaume avec Carloman, son frère. Mais celui-ci mourut bientôt, et l'ambitieux Charles régna seul, au préjudice de ses deux neveux (771). Les fréquentes incursions des Saxons devinrent pour lui le motif ou le prétexte d'une guerre qu'il ne termina qu'après trente ans d'une résistance opiniâtre, et vraiment admirable, de la part de ces barbares. Pour les façonner à son joug, Charlemagne avait mis en œuvre toutes les ressources de sa politique; il les combattait avec fureur, et leur envoyait des missionnaires pour les convertir; mais ils n'ignoraient pas qu'on en voulait à leur liberté; l'ambition savante du roi de France ne fit que soutenir leur enthousiasme, et leur résistance en devint plus acharnée, jusqu'au moment où ils posèrent les armes par épuisement. Charles montra plusieurs fois pendant cette guerre une cruauté inouïe : on égorgeait les Saxons par milliers. Après les avoir soumis, il établit encore parmi eux une sorte d'inquisition pour les contenir : « Les Saxons, dit Mézeray, moitié de force, moitié de gré, subirent enfin le joug de Jésus-Christ et de la France. » Leurs principaux chefs étaient Albion, et le célèbre Witikind, homme de prodiges de valeur auraient sauvé les Saxons, s'ils n'avaient pas eu Charlemagne à combattre. Witikind conserva le duché de Saxe, comme vassal du roi de France, et une colonie de Saxons fut envoyée dans l'Helvétie (la Suisse), où ils propagèrent l'amour de la liberté. Tel fut le résultat de la guerre contre ce peuple héroïque. Pendant les intervalles de paix, Charlemagne termina avec succès une guerre difficile que lui suscita Didier, roi de Lombardie, dont il avait répudié la fille. Après s'être emparé de l'exarchat de Ravenne, que Pépin avait donné au Saint-Siège, Didier cherchait à soulever le pape Adrien Ier contre le roi de France, sous prétexte de rétablir les deux fils de Carloman sur le trône de leur père. Averti des menées par le pape, Charles ne perd pas un instant; il rassemble une armée considérable, franchit les Alpes, triomphe du roi lombard, et restitue l'exarchat de Ravenne au souverain pontife, en se réservant sur lui et sur les Romains une influence qui enfanta une profonde politique. A son retour, il se fait couronner, à Milan, roi de Lombardie, et rend à ce royaume son ancien nom d'Italie (774). Didier alla mourir dans un monastère; quant aux deux fils de Carloman, l'histoire n'en parle plus. Charles fit aussi une expédition en Espagne et rétablit la paix entre les deux princes qui gouvernaient ce pays comme vassaux d'Aaron-le-Juste, roi de Perse, et d'une grande partie de l'Orient. Ce fut en revenant de cette expédition que l'armée française fut surprise et taillée en pièces par les Gascons, dans la vallée de Roncevaux, où périt le fameux Roland, neveu du roi (778). Enfin, Charles soutint contre les Huns une guerre de huit ans, et soumit les Bretons, les Bavarois et les Hongrois. Ce fut à la suite de ces guerres qu'il fit construire son magnifique palais d'Aix-la-Chapelle. Dans un voyage qu'il fit à Rome (800), le pape Léon III le proclama Auguste et Empereur d'Occident, titre que le conquérant ambitionnait depuis long-temps. Charlemagne reçut les hommages de tous les princes du monde. Irène, impératrice de Constantinople, après avoir détrôné et fait mourir son fils Constantin, offrit sa main au roi de France, pour réunir les deux empires; mais elle fut elle-même détrônée par Nicéphore, lorsque rien n'était encore conclu (802). Dix ans auparavant, Aaron lui avait envoyé des présens magnifiques, et lui avait conféré la suzeraineté de la Terre-Sainte. Charlemagne avait partagé la France entre ses fils; mais, ayant perdu en peu d'années Charles et Pépin, il donna le royaume d'Italie à Bernard, son petit-fils, et associa à l'empire Louis d'Aquitaine, le seul de ses fils qui lui ait survécu (813). L'année suivante il mourut, regretté de ses sujets. Tous les historiens s'accordent sur les grandes qualités de Charlemagne; il était religieux, humain et généreux, lorsque l'ambition ne l'aveuglait pas. Il eut trois femmes et trois maîtresses : cependant ses mœurs étaient douces et régulières. Ses dépenses étaient fixées par son préfet du palais; il n'avait qu'une seule maison de campagne, et il portait la simplicité et l'économie jusqu'à faire vendre les légumes de son jardin. Fier, mais sans orgueil, il maria l'une de ses filles à l'historien Eginhard, qui l'avait séduite. Il aimait passionnément les sciences, les arts et l'industrie, et s'efforça de les propager en France, par l'établissement de plusieurs écoles publiques dans les monastères, et d'une académie dans son palais, où il avait rassemblé les hommes les plus savans du monde: Alcuin de Londres présidait cette académie. Cependant la civilisation était encore bien peu avancée en France; mais Charlemagne donna l'essor au génie de la nation; aussi l'université de Paris le choisit-elle pour son patron, plus de huit siècles après qu'il eut cessé de régner. Avec l'aide des conciles, des parlemens et des savans, il composa et décréta les Capitulaires ou Lois générales du royaume. On a remarqué que ces lois ont servi de base à plusieurs de celles qui ont été rendues par Louis XIV. Charlemagne établit aussi dans les provinces des assemblées administratives pour surveiller les juges : « Son génie se répandit sur toutes les parties de l'empire. « On voit, dans les lois de ce prince, un esprit prévoyant qui comprend tout, « et une certaine force qui entraîne tout [*]. » Par un de ses capitulaires, il établit la dîme, qui devait être répartie entre les pauvres, les prêtres et les églises. Il essaya de faire adopter l'uniformité des poids et mesures; et c'est à lui qu'on doit la manière de compter par livres, sous et deniers. Enfin, telle était l'activité politique de ce prince, qu'il avait toujours près de son lit des tablettes pour noter ses réflexions sur les affaires d'Etat.

[*] Montesquieu.

M. C.

Imprimerie et Fonderie de J. Pinard, rue d'Anjou-Dauphine, n. 8, à Paris.

SUÈDE.

XVIIᵉ SIÈCLE. **REINE.**

CHRISTINE.

SYNCHRONISMES.   Née à Stockholm, le 8 déc. 1626, morte à Rome, le 19 avril 1689.   TITRES HISTORIQUES.

Fin du règne de Louis XIII et de Richelieu en France. — Minorité de Louis XIV. — Mazarin. — Guerre de la Fronde. — Traité des Pyrénées. — Mort de Mazarin. — Règne de Louis XIV.
Révolution d'Angleterre. — Cromwell. — Supplice de Charles Iᵉʳ. — La république. — Protectorat de Cromwell. — Sa mort. Charles II. — Jacques II. — Il est chassé du royaume, et son gendre, Guillaume, stathouder de Hollande, s'empare du trône.
Révolution de Portugal. — Avénement au trône du duc de Bragance (Jean IV). — Alphonse VI. — Pierre II.
Révolution de Naples. — Mort de Masaniello.
Insurrection en Suisse.
Ferdinand II. — Ferdinand III, Empereurs d'Allemagne. — Léopold Iᵉʳ. — Irruption des Turcs.
J. Electeur de Brandebourg. — Frédéric-Guillaume se déclare roi de Prusse, et indépendant de l'empereur.
Abolition du stathoudérat en Hollande. — Assassinat de Witt. — Guillaume se fait nommer stathouder.
Progrès de la civilisation en Russie, sous le czar Alexis.

Six ans d'un règne glorieux. — Continuation de la guerre de Trente Ans. — Conclusion du traité de Westphalie.
État florissant du royaume. — Réformes dans l'administration.
Asile accordé à Descartes exilé de France, et protection aux savans Grotius, Pufendorf, Saumaise, Naudé, Vossius, Meibon, Huet, Bochart, Chevreau, Conring, et à madame Dacier.
Désordres dans le gouvernement.
Abdication.
Condamnation despotique et mort de Monaldeschi.
Fondation de l'académie des Arcades à Rome.
Protestation contre la révocation de l'édit de Nantes.

NOTICE.

Marié depuis sept ans, Gustave-Adolphe, roi de Suède, n'avait pas encore d'enfans, lorsque la reine Marie-Éléonore, fille de l'électeur de Brandebourg, donna le jour à Christine (1626). Les Suédois avaient désiré de voir naître un prince, et les astrologues, dont la science était alors en grande vénération, avaient nourri cet espoir mensonger. Cependant Gustave, heureux d'être père, serra l'enfant contre son cœur, et s'adressant à ceux qui l'entouraient : « J'es- » père, dit-il, qu'elle vaudra bien un garçon : elle sera sans doute fort habile, » car elle nous a tous trompés. » Christine avait à peine deux ans quand son père alla visiter la forteresse de Calmar et la conduisit avec lui. Comme on n'osait faire les salves de canon : « Tirez, dit Gustave : la fille d'un soldat doit » s'accoutumer au bruit des armes. » Si la mort n'eût pas enlevé le roi à la Suède, on n'aurait pas entendu plus tard Christine témoigner tant de fois le regret de n'avoir pu assister à ce combat ; mais il périt à la bataille de Lutzen, au moment de voir triompher son armée (1632). Les États du royaume proclamèrent la fille de Gustave-Adolphe reine de Suède, sous la tutelle des cinq grands dignitaires de la couronne, parmi lesquels on remarquait le chancelier Oxenstiern, d'une probité rare et très habile politique. C'est à lui que fut confié l'enfance de Christine, et il avait désiré qu'elle reçût une éducation toute virile. Ce plan se trouva parfaitement en harmonie avec les goûts de la jeune reine : à l'âge de dix ans, on la voyait, le plus souvent vêtue en homme, faire de longues courses à pied et à cheval, coucher en plein air, et se plaire au milieu des fatigues de la chasse ; consacrant douze heures par jour à l'étude, elle apprit, sans le secours d'aucun maître, le français, l'allemand, l'italien, l'espagnol ; et son précepteur, Jean Matthias, avait ordre de ne lui parler que grec ou latin. A seize ans, elle refusa de prendre les rênes du gouvernement ; mais elle s'en empara au moment où la guerre venait d'être déclarée au Danemarck (1644). Elle ne démentit pas la haute idée qu'on avait de son génie : on vit une jeune reine de dix-huit ans entretenir trois armées, créer des académies, réformer des abus, faire des lois, et enrichir le trésor, comme si elle eût déjà vieilli sur le trône ; on la vit, après un an de guerre, dicter les conditions de la paix au roi de Danemarck, et, en 1648, achever, malgré les résistances, la guerre de Trente-Ans, et concourir au traité de Westphalie, qui affaiblit l'Allemagne et assura à la Suède ses droits sur la Poméranie, avec trois voix à la diète de l'empire, et une indemnité considérable. Christine, admirée par l'Europe entière, dédaigna l'alliance de l'Espagne, de la France, de l'Angleterre, de la Hollande et du Danemarck : « Il peut naître de » moi un Néron aussi bien qu'un Auguste, » dit-elle aux Suédois ; et, après avoir fait reconnaître pour son successeur Charles-Gustave, prince palatin, elle prit bientôt elle-même solennellement le titre de roi (1650). Quelques changemens dans le mode de gouvernement firent naître la division dans les différens ordres de l'État. Christine, égarée d'abord par les conseils du médecin Bourdelot, intrigant qu'elle disgracia, mit toute sa confiance dans le comte Magnus de la Gardie, son favori déclaré. Dès ce moment le luxe de la cour devint effrayant, le trésor public fut dilapidé, et le mécontentement éclata de toutes parts. Christine voulut abdiquer (1651) ; mais Oxenstiern la détourna de ce projet, et Christine gouverna de nouveau avec sagesse et fermeté. Cependant les mêmes désordres ne tardèrent pas à reparaître ; on conspira contre la reine, et le chef des conjurations fut mis à mort. Alors Christine convoqua la diète à Upsal, et, inébranlable cette fois dans sa résolution, elle abdique en faveur de Charles-Gustave, en se réservant le revenu de ses biens, l'indépendance de sa personne, et une autorité absolue sur ceux de sa suite (1654). Peu de jours après, elle quitta les habits de son sexe, et partit, prenant pour devise ces mots : « Fata viam invenient. » Ayant abjuré le luthéranisme à Bruxelles, l'impiété dont elle faisait parade donna lieu à un libelle sur cette abjuration : en voyant cet ouvrage, elle mit en souriant cette remarque sur la première page : « Celui qui en » a écrit n'en savait rien ; celle qui en savait quelque chose n'en a rien écrit. » Arrivée à Rome, elle fut confirmée par le pape Alexandre VII, et ajouta à son nom celui d'Alessandra. Dans le premier voyage qu'elle fit à Paris (1656), elle excita la curiosité générale : « La reine de Suède, écrivait Mademoiselle, m'a paru un » fort joli petit garçon. » Ménage se chargea de lui présenter les savans français, et, comme il les annonçait tous par ces mots : « C'est un homme de » grand mérite. — Il faut convenir, dit Christine, que monsieur Ménage » connaît bien des gens de mérite. » L'année suivante, elle revint en France, dans le but de se mêler des affaires avec l'Espagne ; mais Mazarin la fit rester au château de Fontainebleau. Ce fut de là qu'elle envoya, dit-on, à Cromwell, avec des lettres pour se faire appeler en Angleterre. Le Protecteur vit avec dédain les flatteries d'une reine qui avait autrefois hésité à recevoir son ambassadeur Withelock, et il y répondit par une lettre pleine d'ironie. Ce fut alors aussi que Christine découvrit, on ignore à quel sujet, la perfidie de son confident Monaldeschi, le força d'avouer sa faute, et le fit aussitôt mettre à mort avec une froide impassibilité. Tout ce qu'on sait de ce meurtre de cabinet, c'est que Monaldeschi fut percé de vingt-sept coups dans les bras de son confesseur, c'est que son sang jaillit sur les vêtemens de l'impitoyable reine, et souilla le palais des rois de France. De retour à Rome, et ne pouvant obtenir de la Suède le paiement de ses revenus, Christine reçut du pape une pension de 12,000 écus. Sa fierté en souffrit : elle demanda des troupes à l'empereur pour marcher contre les Suédois ; et ce ne fut qu'après de longues réflexions qu'elle cessa de conspirer contre son ancien royaume. A la mort de Gustave-Adolphe, elle se rendit à Stockholm, sous prétexte de réclamer ses revenus (1669). On l'y reçut avec pompe ; mais les princes craignèrent son regrets, son ambition ; à force de tracasseries, ils la réduisirent à quitter la Suède. Cependant le même motif l'y rappela encore plusieurs années après ; mais on trouva moyen de la tenir éloignée de Stockholm. Le chagrin se serait emparé de Christine, si elle n'eût rêvé l'espoir de régner en Pologne après le dernier des Jagellons, espoir qui fut déçu. Revenue à Rome, elle trouva des consolations dans la société des savans, et fonda l'académie des Arcades. Continuant cependant à s'occuper des affaires politiques, elle désapprouva hautement la révocation de l'édit de Nantes. Enfin elle était depuis quelques années en discussion avec le Saint-Siége, lorsqu'une maladie négligée lui porta le dernier coup ; elle mourut doucement et avec fermeté à l'âge de 68 ans (1689). Christine a laissé des réflexions sur la vie d'Alexandre, et un recueil de pensées et de maximes, dont quelques unes ne manquent pas d'originalité. Elle avait aussi fait des mémoires dont les premières années avant ans : la sincérité qu'on y remarque l'empêcha sans doute de continuer une confession si curieuse. Telle fut cette reine justement célèbre, qui abdiqua pour se donner en spectacle à l'Europe, cette femme savante et philosophe, dont la singularité fut la plus grande vertu.   M. C.

Imprimerie et Fonderie de J. Pinard, rue d'Anjou-Dauphine, n. 8, à Paris.

FRANCE.

COLBERT.
Né le 29 août 1619, mort le 6 septembre 1683.

XVIIe SIÈCLE.

SYNCHRONISMES.

MINISTRE.

TITRES HISTORIQUES.

Ministère de Louvois — Guerre de la Succession. — Conquête de la Hollande.
Les Stuarts remontent sur le trône d'Angleterre. — Ministère et disgrâce de Clarendon. — Administration de Jean de Witt dans les provinces unies.
Stathoudérat de Guillaume III en Hollande.
Ministère d'Oxenstiern en Suède.
Avénement de Mahomet VI. — Prise de Candie par les Turcs sur les Vénitiens.
Les gouvernemens de Suède et de Danemarck deviennent purement monarchiques, d'aristocratiques qu'ils étaient.
Le roi de Danemarck est déclaré par les états héréditaire et absolu.

Ordre rétabli dans les finances.
Aide et encouragement donnés à l'industrie : fabrique de glaces, manufactures de la Savonnerie et des Gobelins.
Création du commerce maritime ; établissement des Compagnies des Indes ; Chambres d'assurances ; Conseil du commerce.
Marine : construction de la ville et du port de Rochefort ; arsenaux ; vaisseaux de guerre. — Protection accordée aux sciences, aux arts et aux lettres : fondation des Académies des Sciences, de Peinture, des Inscriptions, et de Peinture à Rome.
Canal du Languedoc ; colonnade du Louvre ; portes Saint-Martin et St.-Denis ; quais, boulevarts, etc.
Construction de l'Observatoire, de l'hôtel des Invalides, du palais de Versailles.

NOTICE.

Colbert a attaché son nom à tout ce qui s'est fait de grand et d'utile sous le règne de Louis XIV. Il était né à Reims et fut placé de bonne heure près de Mazarin. Ce ministre, qui se connaissait en hommes, le recommanda vivement à son souverain, à qui il disait en mourant : « Sire, je vous dois tout ; mais je crois m'acquitter envers V. M. en lui donnant Colbert. » Celui-ci, nommé aussitôt intendant des finances particulières du jeune roi, s'avança promptement dans sa confiance, lui dévoila les fraudes et les déprédations du surintendant Fouquet, dont il prépara la ruine. Placé alors à la tête des finances avec le titre de contrôleur général (1661), Colbert trouva le trésor vide, deux années de revenus consommées d'avance, et partout la fraude et le désordre. Aussitôt une chambre de justice poursuivit les traitans ; les gains des receveurs furent diminués, tout intérêt dans les fermes enlevé aux nobles, la recette simplifiée et rendue plus productive ; le monopole du tabac établi, pour lever un impôt sur le luxe et la gabelle réduite, parce qu'elle pesait autant sur le pauvre que sur le riche. Enfin, par un esprit d'ordre et une économie qui tiennent du prodige, il sut, en diminuant les tailles de trois millions, fournir aux dépenses excessives de Louis XIV et trouver de promptes ressources pour les guerres de 1667 et 1672. « Il faut épargner cinq sols aux choses non nécessaires, disait-il au roi, et jeter les millions lorsqu'il s'agit de votre gloire » En arrivant au ministère, il trouva 52 millions de dettes et 89 millions de revenus ; à sa mort (1683), la dette était réduite à 32 millions, les revenus portés à 115 ; il n'avait augmenté l'impôt que de 7 millions. L'état florissant des finances devait s'appuyer sur la prospérité du pays. En 1666, Colbert accorda des primes pour les mariages, des exemptions de tailles, des gratifications, des pensions mêmes aux pères de nombreux enfans. Il diminua l'impôt sur les terres, favorisa la multiplication des bestiaux. Mais son génie se tourna principalement vers le commerce, borné jusqu'alors aux productions du sol, et presque au seul trafic entre les diverses provinces. Les douanes de l'intérieur furent supprimées, les chemins reparés, de nouvelles routes ouvertes ; le canal du Languedoc joignit les deux mers. L'industrie nationale trouva aide et encouragement : la Savonnerie, les Gobelins, la manufacture royale de glaces du faubourg Saint-Antoine furent établis ; des ouvriers en dentelle furent appelés de Flandre et de Venise. Abbeville et Louviers fabriquèrent des draps fins ; le roi avança 2,000 livres par métier. On releva les manufactures de soieries à Lyon et à Tours, de tapisseries à Aubusson, etc. En même temps Colbert donnait naissance au commerce maritime. Dès 1662, il exempta les nationaux du droit de fret, établit une chambre franche, racheta aux Anglais son port et celui de Marseille déclarés francs. En 1664, les Compagnies des deux Indes furent créées, et le trésor leur prêta six millions. Des colonies sont envoyées à Cayenne et à Madagascar : une troisième va jeter au Canada les fondemens de Québec. Un édit d'une politique habile permit à la noblesse de faire le commerce sans déroger. Des primes encouragèrent la construction des vaisseaux, les importations et exportations : en un mois, on vit partir du port de Saint-Malo, 65 gros bâtimens pour la pêche de la morue. La France n'était guère en état alors de protéger ce commerce maritime et de disputer l'empire de la mer à l'Angleterre et à la Hollande. Colbert, chargé de la marine en 1669, lui fit prendre un essor qui étonna l'Europe. Le port de Rochefort furent bâtis, des conseils de constructions créés, 5 arsenaux établis à Brest, à Toulon, à Rochefort, à Dunkerque, au Havre. En 1672, la France avait déjà 60 vaisseaux, 40 frégates et 6,000 matelots enclassés ; en 1681, elle avait 198 vaisseaux de guerre, 40 frégates, 166,000 hommes de mer. On dut encore à Colbert la réforme des lois. Les célèbres ordonnances civiles, criminelles et de marine, le Code Marchand et le Code Noir, furent rédigés sous ses yeux, par une commission qu'il avait formée. Il ne négligeait point cependant ce qui fait l'ornement des États ; il accorda toujours aux arts, aux sciences et aux lettres, cette noble protection qui les fait vivre et grandir. Directeur des bâtimens en 1664, il voulut achever le Louvre ; il préféra aux plans du Bernin, les dessins de notre Claude Perrault, et, grâce à Colbert, cette magnifique colonnade s'éleva sans rien devoir au talent étranger. Les portes Saint-Martin et Saint-Denis, les Invalides, une partie des quais et boulevarts de Paris furent construits par ses ordres ; en même temps, il faisait bâtir pour Louis XIV le palais de Versailles, qu'il voyait avec regret préférer au Louvre. En 1663, il fonda l'Académie des Inscriptions, et trois ans après celles des Sciences ; l'Observatoire fut construit, Cassini, Huygens et d'autres savans attirés en France. Il établit à Paris une Académie de peinture et de sculpture, puis une autre à Rome pour les artistes français. Le Musée du Louvre, la Bibliothèque royale, le Cabinet de Médailles, lui durent de grands accroissemens. Ce fut lui qui désigna aux bienfaits de Louis XIV Corneille, Racine, Molière, Boileau et d'autres écrivains, dont le choix atteste plutôt de bonnes intentions qu'un goût éclairé. Aidé par lui, la munificence royale alla chercher les étrangers mêmes. « Quoique le roi ne soit pas votre souverain, écrivait Colbert à Isaac Vossius, il veut être votre bienfaiteur. » Toutefois La Fontaine, qui avait plaint le malheur de Fouquet, n'eut point de part à ces faveurs, et Mézeray perdit sa pension pour avoir critiqué les impôts. Colbert eut à surmonter bien des contradictions ; mais il était d'une fermeté rare, et on lui reproche au moi portent même l'empreinte d'un caractère entier et intolérant. Il ne connaissait ni repos ni plaisirs ; quoique peu lettré, il s'entretenait tous les jours avec des savans qui l'attendaient dans sa bibliothèque, au moment où il quittait le roi. Lorsqu'il sortait, il prenait des leçons de latin dans sa voiture, et les commis avaient seize heures de travail par jour. Il s'opposa toute sa vie à la révocation de l'édit de Nantes, et mérita de la dévote Maintenon le reproche « de ne penser qu'à ses finances et presque jamais à la religion. » Il mourut de la pierre le 6 septembre 1683. On lui avait su fort mauvais gré du remboursement des rentes de l'hôtel-de-ville, qu'on n'avait été sensible au bien qu'il faisait ; le peuple le poursuivit de sa haine aveugle ; on le fit enterrer qu'à la faveur de la nuit et avec une escorte d'archers. Une foule de libelles l'attaquèrent après sa mort. Il fallut les fautes de ses successeurs et les désastres qui suivirent son ministère, pour apprendre à la France ce qu'elle avait perdu. L'histoire, toujours équitable, dit *le grand Colbert*, comme elle dit *Louis-le-Grand*.

F. B.

Imprimerie et Fonderie de J. Pinard, rue d'Anjou-Dauphine, n. 8, à Paris.

XVIIᵉ SIÈCLE.

SYNCHRONISMES.

ANGLETERRE.

CROMWELL.

Né le 25 avril 1599. — Mort le 3 septembre 1658.

PROTECTEUR
DE LA RÉPUBLIQUE.

TITRES HISTORIQUES.

Règne de Louis XIII. — Despotisme de Richelieu. — Sa mort. — Louis XIII meurt. — Minorité de Louis XIV. — Mazarin. — Fin de la guerre de 30 ans. — Traité de Westphalie. — Guerre de la Fronde.

Divisions en Allemagne, sous Ferdinand III, après le traité de Westphalie. — Léopold Iᵉʳ.

L'Espagne proteste contre le traité de Westphalie. — Philippe IV continue la guerre avec la France. — Traité des Pyrénées.

Révolution de Portugal. — Dynastie de Bragance. — Jean IV.

Révolution de Naples. — Masaniello. — Sa mort.

Influence politique de la Suède. — Règne de Christine. — Elle abdique. — Charles X (Gustave). — Guerre avec Frédéric II, roi de Danemarck.

La Hollande force l'Espagne à reconnaître son indépendance.

Accroissement de la Russie sous les czars Michel et Alexis.

Longue guerre des Turcs avec la république de Venise.

Politique profonde.

Tolérance religieuse et politique pendant le protectorat.

Prépondérance de l'Angleterre en Europe.

Discipline sévère de l'armée. — Victoires de Lincoln, de Marston-Moor, de Nazeby, de Dumbar, de Worcester.

Développement des forces maritimes de l'Angleterre.

État florissant des finances, de l'industrie et du commerce.

Protection aux sciences et aux arts.

Fanatisme, hypocrisie, intrigues et bassesses pour s'emparer du pouvoir.

Condamnation et supplice de Charles Iᵉʳ.

Dissolution du long parlement.

NOTICE.

Tandis que l'opinion fermentait en Angleterre, animée par ce besoin de liberté que, malgré ses excès, la réforme semblait encore avoir développé, un homme dont le génie despotique et indépendant devait changer la face du royaume, Cromwell, méditait, à l'abri de la médiocrité, les prodiges de son avenir. Fils d'un gentilhomme qui vivait du revenu d'une brasserie, Cromwell était né à Huntingdon. Sa pétulance naturelle et l'activité précoce de son imagination, nuisirent à l'éducation que son père s'efforça de lui donner. Une mélancolie exaltée, qu'il aimait à nourrir dans son ame, pouvait seule l'arracher à ces jeux bruyans où la vigueur de son tempérament l'appelait sans cesse. Dans ses momens de repos apparent, il s'abandonnait à des rêves extatiques ; et il raconta un jour que qu'un spectre lui étant apparu pour lui prédire sa grandeur future. Malgré les avis et les remontrances de son père, il ne pouvait s'empêcher de répéter cette aventure, vraie ou imaginée. Placé à l'université de Cambridge, il n'y fit aucuns progrès ; et, après la mort de son père, ayant été envoyé à Londres pour étudier le droit, il s'abandonna sans retenue à la débauche et aux excès les plus scandaleux : c'était une forte distraction, et son ame toujours active en avait besoin. Tout-à-coup un zèle fanatique s'empare de lui, il change de conduite, épouse Élisabeth Bourchier, et devient le coryphée des Puritains, dont les controverses théologiques commencent à l'occuper exclusivement. Appelé, en 1628, au troisième parlement de Charles Iᵉʳ, il ne s'y montra que chef de secte, et se déchaîna sans réserve contre la papisme. Le roi, embarrassé par les prétentions de ce corps, crut pouvoir s'en affranchir, et le congédia. Cromwell, après avoir perdu le reste de sa fortune, voulut passer dans l'Amérique septentrionale, comme l'avaient fait un grand nombre de Puritains (1640). Il était déjà embarqué lorsqu'un ordre souverain empêcha les déportations volontaires et le força de rester dans sa patrie : l'Angleterre retenait son maître ; le roi son bourreau ! Après douze ans d'un gouvernement absolu, Charles crut enfin devoir convoquer un parlement, et Cromwell s'y fit appeler, à force d'intrigues. Tous les membres de l'assemblée furent frappés de son extérieur grossier, de sa mise négligée ; Hampden devina le grand homme ; et Cromwell laissa échapper ces mots : « Je sais bien ce que je ne veux pas ; je ne sais pas encore ce que « je veux ». Les excès d'une autorité arbitraire avaient mis le feu à la fureur démocratique ; les prétentions furent excessives ; la monarchie fut menacée, et Charles aima mieux perdre son trône les armes à la main, que de le voir renverser par le parlement. Cromwell s'était distingué par une opposition violente, qu'il avait déguisée sous une apparence de religion et de simplicité. Il arme contre le roi un corps de cavalerie, qu'il soumet à une discipline sévère, obtient le grade de capitaine, remporte, avec Fairfax et Manchester, les victoires de Lincoln, de Marston-Moor, de Nazeby, et prend le titre de généralissime après la disgrâce de Fairfax, dont il est lui-même l'auteur caché, et déploie bientôt toute son influence politique. Les *Indépendans* triomphaient, l'anarchie avait succédé à la monarchie absolue ; c'est ici que Cromwell allait s'accomplir. Après une guerre de sept ans, on réussit, pour la seconde fois à s'emparer du roi ; l'armée rentre victorieuse à Londres, écarte du parlement les membres *suspects*, accuse Charles Iᵉʳ, et laisse à l'homme de Dieu le soin de condamner le monarque. Cromwell signa en riant la sentence de mort ; et, d'une fenêtre décorée avec soin, il vit tomber la tête du roi, comme si elle l'eût empêché de porter plus loin ses regards...... (1649). L'indignation et les regrets du peuple firent place à la fureur de l'armée. Cependant Cromwell fit abolir la monarchie, proclamer la république, et s'adjugea de nouveau le titre de généralissime. L'Irlande et l'Écosse s'étaient soulevées en faveur des Stuarts. Cromwell, d'abord vainqueur en Irlande, entre en Écosse, défait les royalistes à Dumbar, et, après la bataille de Worcester, force Charles II à se retirer en France. Dès ce moment la cause des Stuarts fut perdue, et le généralissime dut, à son tour, songer à maintenir son influence politique. On conspira contre lui ; le parlement voulut le perdre, et le parlement fut détruit : Cromwell y entra en maître, fit évacuer la salle ; et, avec cette gravité bouffonne qui le caractérise, il fit écrire sur les portes : *chambre à louer*. Le peuple applaudit ; un autre parlement se forme à la voix de celui qui avait dissous le précédent, et le pouvoir est confié aux officiers de l'armée, qui proclament leur général Protecteur de la république. Il n'y avait plus qu'un pas à faire : Cromwell tenta d'avancer encore ; il réfléchit, s'arrêta, et s'affermit sur son trône républicain. Bientôt il convoqua un troisième parlement ; on y discuta son pouvoir, et il en fit exclure tous les membres qui refusèrent de lui prêter serment de fidélité. L'assemblée, ainsi épurée, proclama de nouveau le protectorat, et conféra à Cromwell le titre d'Altesse. Depuis ce moment, le Protecteur gouverna sans inquiétude. Pour parvenir, il avait dérogé à son caractère ; arrivé au pouvoir, il déroula l'immensité de son génie ; et son infatigable activité apprit aux rois qu'ils doivent toujours veiller, même quand le peuple repose, et qu'un monarque est la sentinelle de sa nation. Il déclara d'abord qu'il ne voulait régir l'état qu'avec un parlement libre, et il montra la plus judicieuse impartialité dans le choix des magistrats. Le premier en Europe il proclama la tolérance politique et religieuse ; les finances du royaume devinrent florissantes ; les sciences, les arts, l'industrie, le commerce, prirent un accroissement merveilleux ; et l'Angleterre fut la dominatrice des mers. Un siècle plus tard, tandis qu'une révolution plus terrible et plus décisive se préparait en France, Voltaire traçait le portrait du Protecteur dans cette phrase énergique : « L'An-« gleterre devint plus formidable que jamais sous la domination de Cromwell, « qui l'assujétit en portant l'Évangile d'une main, l'épée de l'autre, un masque « sur le visage, et qui couvrit des qualités d'un grand roi tous les crimes d'un « usurpateur. » La carrière politique de Cromwell fut courte, sa gloire mêlée d'amertume. Une fièvre, aggravée par des chagrins domestiques et par le feu d'une imagination dévorante, le conduisit à la mort. Après la mort de Cromwell l'Angleterre s'écroula sur le tombeau du Protecteur : son fils lui succéda et fut contraint d'abdiquer ; le long parlement fut rétabli, dissous, et Charles II vint s'oublier sur le trône de son père.

M. C.

Imprimerie et Fonderie de J. Pinard, rue d'Anjou-Dauphine, n. 8, à Paris.

FRANCE.

DESAIX.

Né au mois d'août 1768. — Tué le 14 juin 1800.

XVIII° SIÈCLE.
SYNCHRONISMES.

Assassinat de Gustave, roi de Suède.
La couronne de Pologne est déclarée héréditaire. — Soulèvement opéré par Kosciusko.
Coalition des puissances de l'Europe contre la France.
Bataille de Valmy. — Kellermann.
Bataille de Jemmapes. — Dumouriez.
Prise de Lyon.
Bataille de Fleurus. — Jourdan.
Première expédition d'Italie.
Batailles de Montenotte, Castiglione, Arcole, Rivoli.
République Cisalpine.
République Ligurienne.

GÉNÉRAL.
TITRES HISTORIQUES.

Bataille de Rastadt.
Retraite en Allemagne.
Défense de la tête du pont de Kehl.
Bataille des Pyramides.
Bataille de Sédiman.
Conquête de la Haute-Égypte.
Bataille de Marengo.
Probité sévère. — Désintéressement.
Fermeté et grandeur d'âme.

NOTICE.

Desaix (Louis-Charles-Antoine) naquit à Voygoux, près Riom, de parens nobles qui, depuis plusieurs générations, suivaient la carrière militaire. Après avoir terminé ses études à l'école d'Effiat, où il se fit remarquer par un caractère grave et studieux, il entra à 15 ans au régiment de Bretagne en qualité de sous-lieutenant. Lorsque la révolution de 1789 éclata, Desaix en embrassa les opinions avec chaleur. Distingué par les généraux Victor, Broglie et Custine (1791), il fut successivement employé comme aide-de-camp et capitaine-adjoint à l'état-major. Ses conseils servirent beaucoup à arrêter les suites funestes que pouvait avoir la prise des lignes de Weissembourg. Cependant deux jours auparavant, le comité du salut public l'avait destitué et avait donné l'ordre de l'arrêter comme coupable de trahison. Nommé général de brigade, et blessé à Lauterbourg d'une balle qui lui traversa la joue, il ne voulut pas se faire panser ni quitter le champ de bataille avant d'avoir rallié les troupes. Ce fut alors que, nouveau Bayard, il reçut, des soldats français et autrichiens, le surnom de *Guerrier sans peur et sans reproche*. Si tous les jours Desaix se couvrait d'une nouvelle gloire, il ne lui était jamais permis d'en jouir tranquillement. Il eût été destitué pour la troisième fois, si ses soldats ne s'y fussent opposés et n'eussent demandé à grands cris qu'on leur conservât leur général. Sa mère avait été emprisonnée, il sollicita sa mise en liberté et ne put l'obtenir. Nommé général de division, il reçut le commandement de l'aile gauche de l'armée de Rhin-et-Moselle, et contribua beaucoup par son courage, son activité et ses lumières à seconder cette glorieuse retraite pendant laquelle Moreau, après avoir envahi le Brisgaw, la Souabe, la Bavière, et pénétré dans le haut du Palatinat, avait été forcé de se replier jusque sur les bords du Rhin (1796). Dans cette campagne, Desaix avait opéré le passage de ce fleuve, pris Offembourg au corps de Condé, et décidé du succès de la sanglante bataille de Rastadt. Quelque temps après, il est mis à la tête du pont de Kehl ; quoiqu'il y soit blessé et que le fort se trouve presque détruit, il vient à bout de le défendre contre le prince Charles. Dès-lors, ses talens et sa bravoure lui assurent la confiance des soldats. Il ne se délasse de ses fatigues qu'en allant visiter l'armée d'Italie, commandée par le général Bonaparte, après avoir précédé à l'ordre du jour dans la proclamation suivante : « Le général en chef prévient » l'armée d'Italie que le général Desaix est arrivé de l'armée de Rhin-et- » Moselle, et qu'il va reconnaître les positions où les Français se sont im- » mortalisés. » Le traité de Campo-Formio venait d'être signé, et le directoire avait résolu l'expédition d'Égypte. Bonaparte demanda Desaix pour un de ses compagnons de gloire. Celui-ci est chargé de favoriser le débarquement (1798). A la tête de sa division, il se porte sur la route d'Alexandrie au Caire ; et bientôt, après une marche de quinze lieues dans le désert, il arrive à Damanhour où il est suivi par les autres divisions de l'armée. La victoire des Pyramides livre le Caire aux Français. Un mois après, Desaix marche à la poursuite de Mourad-Bey dans la Haute-Égypte. Le 16 vendémiaire an 6, il atteint à Sédiman son ennemi, lui livre bataille, le met en déroute, et le force de se retirer derrière le lac de Gaza. Quoique vainqueur, le général français n'est pas encore maître de la province ; à chaque pas il lui faut livrer de nouveaux combats ; les Mameloucks, les Arabes et les paysans de tous les villages, animés par la vengeance et la superstition, se réunissent aux débris de l'armée vaincue et semblent renaître à mesure qu'ils sont détruits. Les soldats français ont à lutter contre la chaleur excessive du climat, le manque d'eau et souvent d'alimens, et l'ignorance des lieux et des positions. Néanmoins tous ces obstacles sont surmontés par la prudence et l'habileté du général. A force de combats, les Français, vainqueurs à Samanouht, à Kéné, à Aboumanah, à Siout, à Benouh, à Bardis, finissent par se rendre maîtres de la Haute-Égypte, parviennent jusqu'à l'île de Philé et forcent Mourad-Bey à se réfugier jusqu'au-delà des cataractes du Nil. Cependant Bonaparte, revenu de son expédition de Syrie, avait quitté l'Égypte. Desaix, rappelé par Kléber, signe avec les Turcs et les Anglais, le traité d'El-Arich qui lui permet de revenir en Europe, porteur des ordres du grand-visir, et accompagné d'un officier anglais. Il débarque à Livourne. L'amiral Keith ne craint pas de le déclarer son prisonnier et de faire dégréer son bâtiment. Bien plus, joignant l'ironie au mépris des conventions, il lui offre vingt sous par jour à lui et à ses camarades, ajoutant que l'égalité proclamée en France voulait qu'il ne fût pas mieux traité qu'eux. « Je ne vous demande rien, lui répondit Desaix, que de me délivrer de » votre présence ; faites, si vous le voulez, donner de la paille aux blessés » qui sont avec moi. J'ai traité avec les Mameloucks, les Turcs, les Arabes » du grand désert, les Éthiopiens, les Noirs de Darfour ; tous respec- » taient la parole qu'ils avaient donnée, et ils n'insultaient pas aux hommes » dans le malheur. » De retour en France, Desaix apprend que Bonaparte, premier consul, est parti pour reconquérir l'Italie. Il vole le rejoindre à Milan, et obtient le commandement de deux divisions. Trois jours après, se livre la bataille de Marengo (25 prairial an 8). Le premier consul avait fait avancer toutes les troupes disponibles : après un choc long et meurtrier, l'aile gauche pliait ; un tiers de l'armée se trouvait hors de combat. Desaix arrive après dix lieues d'une marche forcée. Malgré l'artillerie ennemie qui le foudroie, il se forme sur la droite en bataillons serrés, et franchit tous les obstacles. De l'autre côté, on emporte San-Stéphano ; mais, au moment où le général français vient de couper l'aile gauche autrichienne, il tombe percé d'une balle mortelle, et n'a que le temps de proférer ces mots : « Allez dire au pre- » mier consul que je meurs avec le regret de n'avoir pas assez fait pour vivre » dans la postérité. » La veille de la bataille, Desaix disait à ses aides-de-camp : « Voilà long-temps que je ne me bats plus en Europe ; les boulets ne » nous connaissent plus ; il nous arrivera quelque chose. » Le gouvernement ordonna que son corps serait transporté dans l'hospice du Mont-Saint-Bernard, où un mausolée lui serait élevé. Desaix avait un sang-froid inaltérable ; à la plus grande fermeté d'âme il joignait la simplicité la plus modeste dans son extérieur. Son désintéressement était extrême, et son exacte probité lui avait mérité, des habitans du Caire, le titre de *Sultan juste*. On éleva à Paris deux monumens à sa mémoire ; l'un sur la place des Victoires, et l'autre sur la place Dauphine ; ce dernier est le seul qui subsiste aujourd'hui.

J.-F. P.

ANGLETERRE.

ELISABETH.

Née le 7 septembre 1533, morte le 3 avril 1603.

XVIᵉ SIÈCLE.

REINE.

SYNCHRONISMES.

Henri II, François II, Charles IX, Henri III, Henri IV, rois de Fr. Ferdinand Iᵉʳ, empereur d'Allemagne. — La Bohème est réunie à la couronne. — Maximilien II. — Rodolphe II.
Mort de l'empereur Charles V. — Règne de Philippe II en Espagne. — Il meurt. — Philippe III.
Gustave-Vasa, roi de Suède. — Éric XIV. — Jean III. — Sigismond VII, roi de Pologne et de Suède.
Christian III introduit le luthéranisme en Danemarck. — Frédéric II. — Jean III.
Mort du czar Démétrius en Russie. — Usurpation de Boris. — Guerres civiles.
Guerre des Turcs avec la république de Venise.
Peste de Milan. — Saint-Charles-Borromée.
Dernière session du concile de Trente sous Pie IV. — Grégoire IV réforme le calendrier. — Mort de Martin Luther, de Saint-Ignace, de Calvin, de Michel-Ange, de Nostradamus.

TITRES HISTORIQUES.

Établissement de la religion protestante en Angleterre. — Persécution des catholiques.
État florissant des finances et économies particulières.
Puissance de la marine anglaise. — Destruction de la flotte de Philippe II.
Protection à l'agriculture, au commerce, aux sciences et à l'industrie.
Construction de plusieurs collèges et hôpitaux.
Prédominance de l'Angleterre en Europe.
Rétablissement de la paix dans tout le royaume.
Despotisme déguisé. — Politique tortueuse.
Soulèvement de l'Écosse. — Revers et supplice de Marie Stuart.

NOTICE.

La réforme commençait à s'introduire dans la Grande-Bretagne, lorsque Élisabeth naquit du commerce criminel de Henri VIII avec Anne de Boulen, qui paya de sa vie l'amour du Tibère anglais. Ce prince déclara Élisabeth illégitime, ainsi que Marie, née de son premier mariage avec Catherine d'Arragon. De sa troisième femme, Jeanne Seymour, il eut un fils, qui régna après lui sous le nom d'Édouard VI, et mourut à quinze ans, laissant le royaume troublé par les persécutions contre les catholiques (1553). Henri VIII avait réhabilité en son testament Élisabeth et Marie. Parvenue au trône, la fille de Catherine d'Arragon voulut rendre à la religion catholique tout son éclat; elle acheva de la défigurer par des excès sans nombre, dont quelques évêques se chargèrent de répondre à Dieu. Élisabeth, au moins politiquement protestante, fut accusée d'avoir pris part à la conspiration de Wyat, et ne dut son salut qu'à sa fermeté et au nouveau roi d'Angleterre, Philippe II, qui crut flatter le peuple en protégeant une princesse poursuivie (1554). Cependant on voulut l'exiler par un mariage avec le duc de Savoie; mais elle se garda bien d'y consentir, et après avoir vu déclarer sa mère concubine de Henri VIII, elle fut renfermée dans le château de Woodstock. Enfin Philippe venait d'engager l'Angleterre dans une guerre contre la France et l'Espagne, et Henri II s'était uni à l'Écosse par le mariage de Marie Stuart avec le Dauphin (François II) lorsque la reine Marie mourut (1558). L'avènement d'Élisabeth, alors âgée de vingt-cinq ans, fut aussitôt proclamé sans opposition. Pendant sa captivité, la jeune reine avait perfectionné son éducation : elle savait plusieurs langues, avait étudié l'histoire, la philosophie, la littérature, et connaissait presque tous les arts d'agrément. Dès son enfance, elle avait montré la discrétion et la fermeté qui sont les bases d'une politique habile; mais à ces qualités mâles se mêlaient une vanité, une coquetterie d'autant plus dangereuses, que son physique ne les justifiait pas entièrement. Bientôt elle convoque un parlement (1559), se fait déclarer légitimement reine du sang royal, *et gouvernante de l'Église et de l'État.* On rejetait l'autorité religieuse du pape pour se soumettre à celle d'une femme! Le parlement suppléa la reine du consentement de Philippe II et par le roi de Suède. Élisabeth, qui voulait *vivre en reine et mourir vierge*, trouva plus beau d'étaler aux yeux de sa cour un amour sans pudeur pour le plus corrompu, le plus vil de ses courtisans, Robert Dudley, qu'elle créa plus tard comte de Leicester. Cependant elle veillait en souveraine aux affaires de son royaume; le commerce, l'agriculture, les sciences, recevaient de nombreux encouragements, et la marine anglaise devenait plus importante de jour en jour. Bientôt la mort de François II rappela Marie Stuart en Écosse, ou la *congrégation* entretenait encore des troubles. Élisabeth craignit l'approche d'une rivale jeune, et vertueuse, si belle, ne rougit pas de lui refuser le passage à travers ses États, d'envoyer des vaisseaux pour empêcher son débarquement en Écosse; et ne fut qu'à la faveur d'un brouillard que Marie aborda dans son royaume.

La reine d'Angleterre s'excusa néanmoins, continua de soulever les Écossais, et écrivait toutes les semaines à *sa bonne sœur*, pour mieux préparer sa ruine. On voulut donner un époux à Marie Stuart. Aussitôt Élisabeth proposa Leicester; mais, malgré ses menées perfides, Henri Darnley fut élevé au trône d'Écosse. Elle réussit du moins à rendre les troubles plus terribles; et bientôt Marie Stuart, enceinte de sept mois, vit assassiner sous ses yeux son secrétaire, David Rizzio, par l'ordre de son époux, devenu lui-même la dupe de factieux. Ce fut après de semblables horreurs qu'elle donna le jour à un fils (Jacques Iᵉʳ). A cette nouvelle, Élisabeth ne put contenir son dépit et s'écria : « La reine d'Écosse est mère, et je ne suis qu'une plante stérile et solitaire! » Le parlement osa encore lui parler de mariage; elle lui fit signifier deux fois de ne plus s'en occuper; puis elle révoqua cet ordre, flatta les députés et les congédia (1566). Il ne fut plus question de son mariage qu'en faveur du duc d'Alençon, pour tromper la France, où elle envoyait des secours aux Protestans. L'attention de l'Angleterre devait être fixée désormais sur des événements assez terribles, assez nombreux pour l'occuper tout entière. Un courtisan, vieilli dans les intrigues, un homme de soixante ans, l'infâme Bothwell, voulut s'emparer du trône d'Écosse, et le roi fut assassiné. Marie, accablée par un malheur si affreux, cède aux vœux de qu'elle eût aussi partagé son crime! Les Écossais se soulèvent; Élisabeth offre sa protection à Marie, en même temps qu'elle aise le feu de l'anarchie en Écosse. Tenue captive par ses propres sujets, Marie Stuart accepta la médiation de sa rivale, qui alors voulut être son juge, pour ne pas dire son bourreau. La reine d'Écosse fut traduite devant ses ennemis, accusée par ses ennemis, et l'on ferma la bouche à ses défenseurs en ajournant la procédure. Traînée d'exil en exil, délivrée deux fois, elle fut encore réduite à se remettre aux mains d'Élisabeth; et enfin, après une longue suite d'événements inouïs, de conspirations contre la perfide reine d'Angleterre, sa rivale fut amenée au château de Fortheringay, où l'attendait la mort. Élisabeth dissimula le triomphe de sa *coquetterie sanguinaire*, feignit de se faire arracher l'ordre fatal, témoigna impatiemment le retour du bourreau. Elle dut être satisfaite : on refusa un confesseur à Marie Stuart, et la hache qui, depuis 15 ans, était suspendue sur sa tête, tomba trois fois pour la détacher de son corps! Élisabeth prit le deuil et fit témoigner ses regrets politiques au roi de France et au jeune roi d'Écosse (1587). Mais des événements d'un autre genre allaient relever la gloire de sa rivale. Philippe II, qui depuis long-temps favorisait les catholiques irlandais révoltés, arme contre l'Angleterre sa flotte *invincible*, forte de 132 vaisseaux (1588). Élisabeth voit le danger sans effroi : parcourant son royaume, elle ranime partout l'esprit national; puis elle rassemble des troupes, fait construire des vaisseaux, se ligue avec la Hollande, et oppose à Philippe une flotte redoutable, commandée par le célèbre Drake. L'*invincible*, dispersée par la tempête, fut presque entièrement détruite par les alliés, et 40 vaisseaux seulement échappèrent à ce désastre. Cependant Philippe continua d'envoyer des troupes aux Irlandais, et, après sa mort (1598), ils furent encore soutenus par les Espagnols. Essex, depuis long-temps favori d'Élisabeth, fut envoyé contre eux; mais il se révolta lui-même, et eut la tête tranchée (1601). Enfin l'Irlande était pacifiée, lorsqu'un incident romanesque vint déchirer le cœur d'Élisabeth, âgée de soixante-dix ans, et lui donna la mort.

M. C.

Imprimerie et Fonderie de J. PINARD, rue d'Anjou-Dauphine, n. 8, à Paris.

XIVe SIÈCLE.

VENISE.
MARINO FALIERO.
Né vers l'an 1275. — Décapité le 17 Avril 1355.

DOGE.

SYNCHRONISMES.

TITRES HISTORIQUES.

1282. Vêpres Siciliennes.

1307. Affranchissement de la Suisse — Guillaume-Tell.

1310. Révolution aristocratique à Venise, et rétablissement du conseil des Dix.

Dissensions politiques en Allemagne et en Italie. — Factions des Guelfes et des Gibelins.

Boccanegra, doge de Gênes.

Translation du St-Siège à Avignon.

1347. Tribunat de Rienzi à Rome.

Guerre entre la France et l'Angleterre.

Robert Bruce et Wallace en Écosse.

Illustration littéraire de l'Italie. — Pétrarque, Dante et Boccace.

Siége de Zara en Hongrie.

Ambassades à Gênes et à Rome.

Élu Doge à près de 80 ans.

Trêve avec les Génois.

Haine violente contre les patriciens.

Conspiration et mort tragique.

NOTICE.

La vie de Marino Faliero est toute empreinte de cette couleur sombre et mystérieuse du temps et du pays, qui a fait comparer l'aspect de Venise à un songe, et son histoire à un roman. Descendant du vainqueur des Hongrois, du brave Ordelafo, comptant deux doges parmi ses aïeux, nous le voyons, bien jeune encore, capitaine et podestat à Trévise. C'est là que se révèle pour la première fois ce caractère ardent et irascible, cause de tous ses malheurs, et que bien long-temps après, quatre-vingts hivers n'auront pas encore refroidi. Un jour de procession, l'évêque s'était fait long-temps attendre : il arrive enfin, mais l'impatient Faliero n'est plus maître de lui : il s'emporte jusqu'à frapper un vieillard revêtu du plus saint caractère, au milieu des murmures du peuple, qui appelle les vengeances du ciel sur le sacrilége. Quelques années se sont écoulées, nous retrouvons sous les murs de Zara en Hongrie, Faliero, devenu comte de Valdemarino, général en chef des armées de la république. Les Vénitiens pressaient vivement le siége; mais les assiégés se défendaient avec un courage opiniâtre. Tout-à-coup un bruit se répand : le roi de Hongrie arrive au secours de la ville avec une armée de 80,000 hommes. La terreur s'empare alors des assiégeants; mais Faliero change ses dispositions, et ranime l'ardeur de ses soldats : Fuir devant l'ennemi ! Fuir sans venger les mânes d'Ordelafo errant sans sépulture depuis deux siècles sur cette terre étrangère ! Que diront *ceux d'en haut* ? (C'était ainsi que le peuple désignait le conseil des Dix.) Le courage renait dans tous les cœurs, et les Vénitiens, levant le doigt vers le ciel, se précipitent au combat en répétant tout bas : Que diront *ceux d'en haut* ? Huit mille Hongrois restent sur le champ de bataille, et bientôt Faliero rentre à Venise après avoir fait triompher les armées et les flottes de la république. Il avait vu dans sa patrie Pierre Gradenigo cimenter le triomphe de l'aristocratie par le sang des Quirini et des Bocconio, derniers soutiens d'une liberté mourante. Nommé ambassadeur à Gênes et à Rome, peut-être s'applaudissait-il en songeant que ses yeux allaient être délivrés des scènes sanglantes dont la place St-Marc était le théâtre; mais à Gênes et à Rome il retrouva Boccanegra et Rienzi, l'anarchie et les échafauds. C'est dans cette dernière ville qu'il oubliait auprès de Pétrarque les malheurs récents de sa patrie, lorsqu'il reçut, au mois de septembre 1354, la nouvelle de son élection. Il avait alors près de quatre-vingts ans, et quoiqu'il conservât encore tout le feu de la jeunesse, il reçut sans joie apparente une dignité qu'il n'avait pas briguée. Le 5 octobre, il était en vue de Venise, à bord du Bucentaure. Ce jour-là il s'éleva un brouillard si épais, que le pilote abusé fit toucher le vaisseau sur la place St-Marc, entre les deux colonnes où l'on met à mort les criminels : circonstance sinistre, et dont l'augure fut trop tôt réalisé. Les négociations qui suivirent le désastre de la flotte vénitienne à Sapienza, avaient rempli les premiers moments de l'administration du nouveau doge, et il avait conclu une trêve avec les Génois. Le jeudi gras de l'année 1355, il donnait un bal dans son palais, à l'occasion de la solennité annuelle de la chasse au taureau. Un jeune patricien, nommé Ser Michael Steno, s'approchant d'une femme qu'il aimait et qui accompagnait la dogaresse, se permit, à la faveur du masque, quelques plaisanteries, sinon coupables, du moins extrêmement légères, puisque le doge se crut autorisé à le faire sortir de l'assemblée. Le jeune homme, indigné de l'affront qu'il recevait en présence de sa maîtresse, passa, en se retirant, par la salle du conseil, et écrivit sur le siége du doge et pour son épouse : *Marino Faliero, dalla bella moglie : altri la gode, egli la mantiene ; Marino Faliero, l'homme à la belle femme : il en a la charge, et un autre en a le profit.* Marino, profondément blessé de cet outrage et du scandale que cette affaire produisit dans Venise, voulait renvoyer la cause au conseil des Dix, comme un crime d'état; mais les avogadors, après avoir découvert le coupable, excusant sa jeunesse, se contentèrent de le livrer au tribunal de la Quarantie, qui le condamna à deux mois d'emprisonnement. Le doge, encore plus irrité d'un châtiment si léger, et le considérant comme un nouvel outrage de la part des juges, jura dès ce moment une haine à mort à tout ce qui portait le nom de patriciens. Le hasard voulut que le jour même où la sentence avait été rendue, il vit à son audience un chef des patrons de l'arsenal qui, le visage ensanglanté, vint lui demander justice d'un noble qui l'avait frappé. « Comment veux-tu « que je te fasse justice, lui répondit le doge, je ne peux pas l'obtenir pour « moi-même ? — Ah ! dit le patron, il ne tiendrait qu'à vous d'être le maître « ici, et de punir ces insolents...... » Ces derniers mots furent comme une étincelle qui alluma le désir de la vengeance dans l'âme de l'irascible vieillard. La nuit même, un de ses émissaires habituels, Israëllo Bertuccio, l'amena au palais, et l'introduisit mystérieusement dans un cabinet où se trouvaient réunis le doge, son neveu, et un obscur artisan des ports, nommé Filippo Calendaro. Là, s'ourdit le plan d'une vaste conspiration qui devait envelopper tous les patriciens dans une ruine commune. Le 15 avril suivant, à un signal qui en serait donné par la cloche St-Marc, les conjurés, au nombre de 16, qui s'étaient partagé les 16 quartiers de la ville, devaient ameuter le peuple en criant que la flotte génoise arrivait, et massacrer les nobles à mesure qu'ils se rendraient au grand conseil. Mais le Seigneur-Dieu, qui, selon les expressions d'une vieille chronique, a toujours protégé la très glorieuse cité de Venise et le sérénissime conseil des Dix, permit qu'un certain Bertram, Bergamasque, engagé dans la conspiration, voulut sauver un patricien, Ser Nicolas Lioni, dont il était le client. Le 14 avril au soir, il se rendit chez lui, et lui recommanda de ne pas sortir le lendemain, quelque chose qui arrivât. Lioni, soupçonnant quelque trame, fit arrêter cet homme, et envoya chercher deux patriciens, Marc Cornaro et Jean Gradenigo. Tous trois parvinrent à lui arracher son secret. Ils pâlirent à cette nouvelle. Cependant, ils convoquent sur-le-champ au couvent de St-Sauveur les avogadors, les seigneurs de nuit, les chefs de la Quarantie criminelle, et le conseil des Dix. Les principaux conjurés sont arrêtés et pendus la nuit même devant les fenêtres du palais. Le 15, le conseil des Dix se constitua en *giunta* : le doge comparut devant lui, fut interrogé, confronté, et avoua tout. Le 16, Messer Marino Faliero, comte de Valdemarino, doge de Venise, fut condamné à mort à l'unanimité des voix. Le 17, à la pointe du jour, les portes du palais ducal furent fermées; on amena Faliero revêtu de tous les insignes de sa dignité. Au haut de l'escalier des Géants, où les doges reçoivent la couronne, on lui ôta le bonnet ducal, en présence du conseil des Dix..... Quelques secondes après, le chef de ce conseil parut sur le grand balcon du palais, tenant à la main une épée sanglante qu'il agita trois fois, et s'écria : *Justice a été faite du traître.* Les portes furent ouvertes, et le peuple en se précipitant dans le palais, trouva la tête du doge roulant sur les degrés. Dans la salle du grand conseil, où sont tous les portraits des doges, on voit un cadre voilé d'un crêpe noir, avec cette inscription : *C'est ici la place de Marino Faliero, décapité pour ses crimes.*

A. de L.

Imprimerie de E. Pochard, rue du Pot-de-Fer, n. 14, à Paris.

XVIe SIÈCLE.　　　　　　　　　　GÊNES.　　　　　　　　　　CONSPIRATEUR.

FIESQUE.
Né en 1525. — Mort en 1547.

SYNCHRONISMES.　　　　　　　　　　　　　　　　　　　　TITRES HISTORIQUES.

Bataille de Pavie, 1525. — Siège de Rome par les troupes de Charles-Quint. — Mort du cardinal de Bourbon. — André Doria chasse les Français de Gênes, où il rétablit la république et le dogat, 1527. — Traité de Cambrai, 1529.
Siége de Vienne par Soliman II, 1529. — Diètes de Spire et d'Augsbourg, Protestantisme, Ligue de Smalcalde, 1530.
Michel Servet. — Établissement de l'imprimerie royale par François Ier, 1531. — Union de la Bretagne à la France.
Découverte et conquête du Pérou par Pizarre, 1533.
Henri VIII se déclare chef de l'église d'Angleterre.
Loyola fonde la société des jésuites, 1534. — Mort de Copernic, 1543. — Ouverture du concile de Trente.
Jean Basilowitz, grand duc de Russie, prend le titre de Czar, 1545. — Mort de Luther, 1546. — Mort de Henri VIII et de François Ier, 1547.

Conspiration contre le gouvernement absolu des Doria, 1547.
Ame élevée, mais ambitieuse.
Génie hardi et entreprenant.
Libéralité inépuisable, mais intéressée.

NOTICE.

Lorsque André Doria, en délivrant Gênes des Français qu'il avait servis long-temps avec gloire, s'était érigé en restaurateur des lois, cette ville, encore toute agitée par les discordes récentes des Guelfes et des Gibelins, des Adorno et des Frogose, avait accepté sans examen le gouvernement que lui imposait son libérateur. Toute à la joie d'être indépendante et tranquille, elle ne s'était pas aperçue que, sous le nom de république, on organisait-dans son sein le privilège et l'oligarchie. Plus tard, quand les Génois ouvrirent les yeux, ils virent à la tête de l'État un vieillard de quatre-vingts ans, ce même André Doria qu'ils avaient nommé le père de la patrie, et à qui ils avaient dressé des statues; ils virent qu'ils étaient gouvernés d'une manière absolue, mais paternelle, et ils se dirent : Nous attendrons. Malheureusement, à côté de l'autorité du doge, s'élevait, un pouvoir égal au sien, mais bien plus odieux, celui de Gianettino, son neveu, son fils adoptif, qu'il désignait d'avance comme son successeur. Celui-ci, arrogant, brutal, faisait parade de l'impopularité, s'apprêtait à jouir en jeune homme et en despote de cette puissance absolue dont le vieux Doria n'usait qu'avec la réserve prudente d'un vieillard blanchi dans la politique et le commandement. Dès lors, un mécontentement sourd fermenta dans ces âmes italiennes et vindicatives. Un seul parmi les Génois le faisait éclater : c'était Jean-Louis Fiesque, comte de Lavagna, chef d'une famille dans laquelle il était fier de compter deux papes, et douze seigneurs souverains. Agé de 22 ans, riche de 200,000 écus de rente, Fiesque avait reçu de la nature une âme noble, élevée, mais ambitieuse ; c'était un de ces hommes qui naissent facilement rois. Les Doria lui fermaient la carrière : aussi s'indignait-il tout haut de voir la noblesse génoise abaissée devant une seule famille. « Dussent tous les Génois consentir à la servitude, disait-il un jour à Gianettino lui-même, Fiesque ne l'acceptera jamais. » Tout-à-coup à cette fougue, à ces protestations énergiques, on vit succéder l'insouciance d'un voluptueux, les bals, les festins, semblèrent remplir tous ses instants. L'interrogeait-on sur les affaires publiques, il proposait une partie de plaisir ; blâmait-on, pour l'éprouver, les actes du gouvernement, il répondait par l'éloge d'un vin généreux. Mais une idée fixe se cachait sous cette mollesse apparente. Abattre la puissance des Doria, parce qu'il trouvait le chemin de la gloire traversé par cette famille ; et comme le gouvernement de Gênes s'y opposait, joindre le changement de l'un à la ruine de l'autre : tel était son plan. Mais comment soupçonner qu'il songeât à l'avenir, quand il semblait ne pas croire au lendemain ? Et cependant que de ressorts, que d'intrigues s'agitaient sous cette enveloppe de frivolité ! Troubles fomentés avec adresse, émissaires envoyés dans les lieux publics, dans les hôtels garnis, dans les tavernes, largesses immenses répandues parmi le peuple, surtout parmi les fileurs de soie, portion indigente et nombreuse de la population ! Bientôt Fiesque chercha plus haut des auxiliaires : Sacco, Caliagno, hommes de plaisir, dont il a payé les dettes, Verrina, vieux républicain dont il caresse les rêves de liberté, sont enchaînés à sa fortune par l'amitié, l'intérêt et la reconnaissance. Il court à Rome, fait entrer dans tous ses desseins le pape Paul III, ennemi personnel de Doria, accepte l'or, mais non la domination de la France, et entraîne dans son parti Louis Farnèse, duc de Parme et de Plaisance. De retour à Gênes, il redouble de respect envers André Doria, de dissimulation envers Gianettino. Pendant ce temps, 2,000 hommes levés pour le duc de Parme s'approchaient de la Ligurie ; des galères armées par Fiesque, sous prétexte de faire des courses contre les Turcs, introduisaient des soldats dans la ville ; Verrina faisait entrer dans les compagnies génoises 15 ou 20 des vassaux du comte ; et, de concert avec Caliagno et Sacco, engageait dans l'entreprise plus de 10,000 hommes, sans qu'un seul en connût le véritable motif. Tout était prêt : Verrina voulait qu'on choisît pour l'exécution une messe à laquelle tous les Doria devaient assister ; il s'offrait à les poignarder lui-même ; mais Fiesque s'y opposa hautement, déclarant qu'il ne voulait pas manquer de respect au mystère le plus saint de la religion catholique. Enfin, après plusieurs délibérations, on choisit la nuit du 1er au 2 janvier. Le moment était favorable : le doge sortait alors de charge, et son successeur ne devait être élu que le 4. C'était une époque de crise qui rendait une révolution plus facile. Au jour marqué, Fiesque, toujours maître de lui, fit un grand nombre de visites, alla le soir au palais de Doria, et caressa les enfants de Gianettino en présence de leur père. Cependant les chefs des principales familles nobles et plébéiennes invitées par Fiesque à un repas, avaient trouvé en arrivant dans son palais, au lieu de l'appareil d'un festin, des torches, des armes, des soldats, et les portes s'étaient refermées sur eux. Tout-à-coup Fiesque paraît dans la salle où ils sont rassemblés ; là il jette le masque, il tonne contre le pouvoir absolu d'André, contre l'insolence de Gianettino ; montre un traité vrai ou faux, par lequel Charles-Quint s'engage à investir les Doria de la souveraineté de Gênes, lit la déposition de trois pauvres citoyens qui affirment que trois fois Gianettino a voulu l'empoisonner, ajoute qu'il pourrait prouver qu'à la mort d'André, tous les Fiesque doivent être enveloppés dans un massacre général ; puis il leur expose son plan, ses ressources, et fait passer dans tous les cœurs la conviction et l'enthousiasme. Il est interrompu par un cri spontané : Liberté ! Mort aux Doria ! Deux hommes seuls déclarent qu'ils ne prendront point part à la conjuration : on veut les mettre en pièces ; Fiesque se contente de les faire garder chez lui. Bientôt, au signal donné par Verrina, le peuple, à la lueur des flambeaux, se presse dans les rues étroites de Gênes en criant : Fiesque et liberté ! Le port et les galères de Doria sont investis ; les bannières de Lavagna flottent bientôt sur toutes les portes de la ville ; le capitaine Lercaro résiste seul au poste de St-Thomas, attaqué par Ottobon et Jérôme, frères du comte, mais enfin il est forcé de céder au nombre. Gianettino accourt éveillé par le bruit : il est reconnu, il est frappé, il meurt ; et le vieux Doria est trop heureux de pouvoir fuir devant ces conjurés, aux projets desquels il n'a pas voulu croire. Fiesque est vainqueur sur tous les points ; mais où est-il ? On le demande, on le cherche, on court au port où il a été désarmer les galères : Verrina remarque des débris d'une planche, fait sonder au-dessous, et le trouve mort, mort sans gloire, au moment où il couronnait sa pensée triomphe, où son nom se mêlait à tous les cris de victoire. En passant d'une galère à une autre, il était tombé dans la mer, chargé d'une armure pesante, sans que le désordre et l'obscurité eussent permis de remarquer sa chute, dénoûment anti-dramatique, comme l'appelle Schiller, d'une entreprise commencée sous de si brillants auspices. Bientôt le bruit de sa mort se répand : les sénateurs l'apprennent au moment où ils se présentent pour traiter : ils reprennent courage, la garnison est ralliée ; le peuple se disperse avec cette précipitation si connue des masses italiennes ; les conjurés croient tout perdu parce qu'un homme leur manque. Assiégés à Montobbio, on leur avait promis de se retirer, ils expient par le dernier supplice leur révolte, ou plutôt leur lâcheté. Le corps de Fiesque fut rejeté à la mer, non pas rasé, sa mémoire vouée à l'infamie. On retrouve les descendants de cette famille confondus dans la foule des courtisans de Louis XIV, et le nom de Fiesque ne se révèle plus à l'histoire que dans quelques vers de Scarron et de La Fontaine.　B. E. J. R.

Imprimerie de E. Pochard, rue du Pot-de-Fer, n. 14, à Paris.

XVIIIᵉ SIÈCLE. **ANGLETERRE.** **ACTEUR.**

GARRICK.

Né le 20 Février 1716. — Mort le 20 Janvier 1779.

SYNCHRONISMES.

Shéridan, Fielding, Samuel Johnson, Smollet, Pope, Otway, Thomson, Young.

Voltaire, Rousseau, La Harpe, Marmontel, etc.

Gluck et Piccini.

Noverre, célèbre maître de ballets.

Mlles Clairon, Dumesnil, Le Kain, Préville, Dazincourt.

Iffland, célèbre acteur allemand.

TITRES HISTORIQUES.

Talent extraordinaire dans la tragédie et la comédie.

Comédies et intermèdes : le Valet Menteur, le Bon Ton dans l'Antichambre, les Voyages de Linco, etc.

NOTICE.

David GARRICK était petit-fils d'un négociant français, nommé La Garrique, qui s'était réfugié en Angleterre à la révocation de l'édit de Nantes. Son père, capitaine d'infanterie, habitait Lichtfield. Le séjour de comédiens ambulants dans cette ville, développa de bonne heure les talents du jeune David, et dès l'âge de 11 ans, il joua avec ses camarades une comédie de Farquhar. En 1730, il fut envoyé chez son oncle, riche négociant en vins, à Lisbonne; mais il avait peu l'esprit du commerce. De retour à Lichtfield, il y trouva Samuel Johnson, qui se fit plus tard un grand nom dans la littérature. Ils se rendirent ensemble à Londres : Garrick songea à suivre la carrière du barreau ; mais détourné de ce projet par le mauvais état de ses finances, il s'associa à son frère, qui faisait à Londres le commerce de vins. La fréquentation des théâtres le rappela bientôt à sa véritable vocation, et il résolut de s'y livrer tout entier. Il voulut faire l'épreuve de son talent dans une ville de province; ce fut à Ipswich qu'il débuta, sous le faux nom de Lyddell, dans le rôle du nègre *Aboan*, d'*Oronoko*, tragédie de Southern. Accueilli avec enthousiasme, il joua au milieu de nouveaux applaudissements plusieurs rôles tragiques et comiques. Ces favorables encouragements décidèrent de son avenir; aussi parla-t-il toujours avec reconnaissance de l'accueil bienveillant qu'il avait reçu à Ipswich. Cependant ses succès de province ne lui furent pas d'un grand appui dans la capitale ; repoussé aux théâtres de Drury-Lane et de Covent-Garden, il ne trouva d'engagement qu'au théâtre secondaire de Goodman's-Fiels. A cette époque, l'art du comédien était encore dans l'enfance en Angleterre ; rien n'était naturel dans la déclamation théâtrale ; les passions s'exprimaient par des hurlements, la douleur par un ton pleureur, l'amour par une voix traînante ; la comédie était dégradée jusqu'à la bouffonnerie. Garrick devait rappeler au théâtre le naturel et le vrai. Dédaignant les rôles secondaires, il débuta par le rôle difficile et fatigant de Richard III ; il y obtint un succès éclatant; sa réputation attira bientôt toute la capitale, et chaque soir la file des voitures s'étendait à deux milles du théâtre. « Je crains que ce jeune homme ne se gâte, disait Pope, car il sera sans rival. » Il joua ensuite un rôle comique dans une pièce de sa composition, puis le roi Lear, et plusieurs autres rôles, où il laissa bien loin derrière lui tous ceux qui l'avaient précédé. Covent-Garden et Drury-Lane étaient déserts. Les acteurs de ces deux théâtres comparaient, pour se consoler, le succès de Garrick au fanatisme qu'excitait le révérend Whitefield; mais il leur prouva bientôt qu'il était plutôt un réformateur orthodoxe qu'un hérétique. L'été suivant il se rendit à Dublin. La chaleur y était si grande, et la foule se portait au théâtre avec tant d'empressement, qu'il s'y manifesta une maladie épidémique, qui reçut le nom de *fièvre de Garrick*, monument singulier de l'enthousiasme qu'il inspira. De retour à Londres, il fut engagé au théâtre de Drury-Lane, et se fit admirer de nouveau dans Richard III, le roi Lear et Hamlet. Pour hâter et propager la réforme de son art, il s'avisa de ridiculiser, en les copiant, les défauts des acteurs de Covent-Garden, comme avait fait Molière dans l'*Impromptu de Versailles*; et le rôle de *Bayes*, dans la petite pièce de la *Répétition*, lui fut un véritable triomphe. Le cours de ses succès fut troublé en 1743 par ses discussions avec Maklin, son camarade. Une cabale formée contre lui l'accueillit à son entrée en scène par des sifflets et des cris; il ne put la réparer qu'en se faisant appuyer par une phalange de boxeurs qui, placés au milieu du parterre, imposèrent aux malveillants. Ayant acheté la moitié de la direction de Drury-Lane, il appela à Londres, pour varier ses spectacles, le célèbre Noverre, et une troupe de danseurs allemands ; mais l'Angleterre était alors en guerre avec la France, et le peuple anglais n'accueillit que par des huées ces artistes étrangers, qu'il appelait dans sa haine *Français* et *Papistes*. En 1763, pour réparer sa santé, il vint en France, et vécut dans l'intimité avec les plus célèbres acteurs de l'époque. Mademoiselle Clairon, Préville, tout Paris admira son talent, dont il se plaisait à donner des échantillons. Il revint en Angleterre en 1763. Quelques années après, il résolut de manifester avec éclat son enthousiasme pour Shakespear, dont il était un si digne interprète. Il fit élever et décorer magnifiquement à Stratford, sur l'Avon, patrie du poète, une vaste rotonde; une foule immense s'y rendit de la capitale et des provinces; le matin le service divin fut célébré avec pompe. Un dîner splendide fut servi dans la rotonde, et suivi d'un concert. Le soir, Garrick récita une ode qu'il avait composée en l'honneur de Shakespear : un bal magnifique termina la journée. Une violente tempête, survenue le lendemain, mit fin à la fête qui devait se continuer plusieurs jours. En 1776, Garrick fut forcé, par sa santé, de songer à la retraite. Les adieux touchants qu'il adressa au public furent accueillis par les larmes et les applaudissements. En quittant le théâtre, il donna une partie de ses biens à un établissement fondé par lui pour les acteurs indigents. Il ne put jouir long-temps des douceurs de la vie privée. En 1778, le mal qui le minait devint plus grave. Il en mourut à Londres le 20 janvier de l'année suivante. Sa mort fut comme une calamité publique; jamais on n'avait vu à Londres d'aussi magnifiques funérailles. Le duc de Devonshire, lord Cambden, les comtes Ossory et Spencer tenaient le drap mortuaire, les hommes les plus illustres d'alors, Burke, Fox, Shéridan, Johnson, etc., suivaient le convoi; l'évêque de Rochester prononça les prières de l'église. Le corps de Garrick fut déposé à Westminster, près du monument de Shakespear. — Garrick fut aussi grand acteur dans la comédie que dans la tragédie. Sa taille était peu élevée, mais bien prise, son regard plein de feu et pénétrant, ses traits réguliers et agréables, sa voix sonore, flexible et mélodieuse. Il excella surtout à peindre, par le jeu de sa physionomie, toutes les passions, et à imprimer à ses traits tous les caractères. Après la mort de Fielding, il en contrefit la figure avec tant d'art, que le fameux peintre Hogart fit, sur ce singulier modèle, l'esquisse unique qu'on ait du visage de l'auteur de *Tom Jones*. Je n'entreprendrai pas de donner une idée plus précise du talent de Garrick. L'acteur de génie ne peut, comme le poète ou le peintre, laisser après lui de monuments qui le fassent connaître à la postérité. Nous ne pouvons l'admirer que sur la foi de ses contemporains, et la popularité qui s'est attachée à son nom est presque la seule mesure qui nous soit donnée pour apprécier son mérite. A en juger par là, Garrick a peu de rivaux, et ne le cède à personne ; je ne sache guère que notre Talma, et peut-être le romain Roscius, qui puissent lui être comparés. Il fut l'idole de l'Angleterre, et il occupait tellement l'attention publique, qu'on aurait cru, dit l'auteur de sa vie, qu'il existait quatre pouvoirs dans l'État, le Roi, les Pairs, les Communes, et le théâtre de Drury-Lane. La renommée de Garrick est devenue populaire en Europe, et semble destinée à ne jamais périr. Garrick a composé un grand nombre de comédies et intermèdes, qui prouvent beaucoup d'esprit, de fécondité dans l'invention, de connaissance du monde, de talent pour la satire; plusieurs sont restés au théâtre. Il fut moins heureux dans les changements qu'il a fait subir aux pièces de Shakespear : le plus souvent il l'a mutilé de la manière la moins judicieuse. Cependant, le nouveau dénoûment qu'il fit adopter au théâtre pour la tragédie de Roméo et Juliette, est sans contredit plus pathétique et plus théâtral que celui de Shakespear.

E. B.

Imprimerie de E. Pochard, rue du Pot-de-Fer, n. 14, à Paris.

FRANCE.

HENRI IV.

Né le 13 décembre 1553. — Mort le 14 mai 1610

XVIᵉ SIÈCLE. **ROI.**

SYNCHRONISMES.

Gouvernement despotique en Angleterre, sous Élisabeth. — Shakspeare, Bacon. — Les Stuarts, Jacques Iᵉʳ.

Rodolphe II, empereur d'Allemagne. — Union des protestans. — Sainte Ligue.

Fureurs de l'Inquisition en Espagne. — Revers de Philippe II. — Il reconnaît l'indépendance des Provinces-Unies. — Sa mort.

L'Autriche et l'Espagne déclarent l'indépendance de la république de Hollande. — Les Hollandais découvrent le Spitzberg. — Leurs établissemens en Chine, au Japon.

Christian IV, roi de Danemarck. — Commencement de sa rivalité avec Gustave-Adolphe, roi de Suède.

Démétrius, dernier czar de la maison de Rourik, en Russie. — L'usurpateur Boris. — Guerres civiles.

TITRES HISTORIQUES.

Amour de ses sujets.

Politique franche.

Tolérance religieuse.

Fin des guerres de religion, et rétablissement de la paix en France.

Édit de Nantes.

Économies royales.

État florissant des finances.

Encouragemens au commerce et à l'industrie.

Progrès de l'agriculture.

Abondance dans tout le royaume.

Protection aux savans et à l'instruction publique.

Rétablissement du Collège de France, et fondation de celui de La Flèche.

Gouvernement absolu-modéré.

Affaiblissement de l'influence politique des parlemens.

Amour excessif du jeu et des femmes.

NOTICE.

Henri IV, fils d'Antoine de Bourbon, roi de Navarre et descendant direct de saint Louis, naquit à Pau, et fut élevé dans la religion protestante par sa mère, l'austère et vertueuse Jeanne d'Albret. Après la mort de son père, Catherine de Médicis l'amena à la cour de France. Mais Jeanne le rappela bientôt en Béarn, où Plutarque devint son étude favorite : c'était là le complément de cette éducation mâle qu'il avait reçue parmi les montagnards. Il fit ses premières campagnes militaires pendant la troisième guerre civile, sous les yeux de Condé, de Coligni, de Lanoue, et se distingua surtout dans la bataille d'Arnay-le-Duc (1570). On signa la paix; et Charles IX attira le roi de Navarre et les chefs protestans à sa cour. La régente proposa de marier le jeune prince avec Marguerite, sœur du roi. Jeanne d'Albret n'y consentit qu'à regret, et mourut pendant les préparatifs de la fête : on soupçonna qu'elle avait été empoisonnée. Cependant le mariage fut célébré avec pompe. Trois jours après, Coligni meurt assassiné. À cette nouvelle, les chefs protestans veulent quitter la cour; mais le torsin annonce le massacre de la Saint-Barthélemi, et Bourbon est renfermé, tandis que le sang ruisselle par ordre, et que Charles IX assassine, de son balcon, ses malheureux sujets (1572). Le jeune roi de Navarre fut épargné; mais il ne réussit à s'échapper que deux ans après la mort de Charles IX. Aussitôt il se rendit à La Rochelle, où était le camp des protestans. Le duc d'Alençon, frère du roi, s'était enfui l'année précédente. Ligué avec la plupart des nobles, indignés du luxe insolent dont Henri III faisaient parade, il le réduisit à une paix honteuse (1576). Cependant les catholiques, mécontens, se soulèvent à la voix de l'ambitieux Henri de Guise; la Ligue se forma, et la première assemblée des États de Blois donna le signal d'une nouvelle guerre de religion. Henri III se mit lui-même à la tête de la Ligue pour déjouer les projets de Guise (1576). Le roi de Navarre, avec un petit nombre de soldats, s'empare de Cahors, où il fait des prodiges de valeur; et, tandis que les divisions ébranlent la Ligue, le maréchal de Montmorency, malgré les foudres du pape Sixte-Quint, vient se joindre à lui avec les protestans d'Allemagne. Enfin la victoire de Coutras achève de déconcerter les ligueurs; le mécontentement s'accrut, et, après la journée des barricades, Henri, obligé de quitter Paris, feignit de se réconcilier avec Guise, donna l'ordre de cette révolte, le fit assassiner aux États de Blois, et vint se joindre au roi de Navarre. L'armée des deux souverains s'avançait victorieuse contre Paris, lorsque Henri III fut assassiné à Saint-Cloud par Jacques Clément. En mourant, il déclara Henri de Bourbon roi de France (1589). Celui-ci s'éloigne de Paris, et soutient avec avantage contre le duc de Mayenne, devenu chef de la Ligue, la bataille d'Arques, près de Dieppe. La république de Venise, puissance catholique, le reconnaît comme roi de France. De son côté, Mayenne, craignant une division, proclame roi le cardinal de Bourbon, prisonnier de Henri. La Ligue était soutenue par l'Espagne : Philippe II voulait placer sur le trône de France sa fille Isabelle, née de la sœur des trois rois précédens. Cependant Henri avait soumis le Maine et une partie de la Normandie. Mayenne s'avança contre lui, et fut battu dans la plaine d'Ivri (1590). Mais, au lieu de marcher aussitôt sur Paris, le roi se borna d'abord à couper les communications avec cette ville. La famine y devint affreuse; on nourrissait les habitans de fanatisme.

Enfin Henri s'approche de Paris et parvient même à s'emparer des faubourgs. Mais il ne pouvait s'empêcher de faire passer des vivres aux assiégés, et la crainte de sacrifier trop de Français dans un assaut décisif le tenait encore en suspens, lorsque l'arrivée du célèbre Farnèse, général de Philippe II, le força de lever le siège. Bientôt l'Espagnol, mécontent de ses alliés, se retira. L'Allemagne, l'Angleterre et la Hollande, refusèrent des secours à la Ligue (1591). Farnèse revint; mais les projets ambitieux de Philippe furent découverts, et l'on rejeta ses propositions. Les partis se rapprochèrent, malgré le pape, en dépit des ligueurs forcenés, et le roi consentit à une abjuration (1593). L'année suivante, échappé au poignard de Barrière, il entrait triomphant dans Paris. Il pardonna à ses ennemis, et s'efforça de rétablir la paix et l'union. Plus tard, il renouvela l'édit de Poitiers, favorable aux réformés, et ce fut ce moment que choisit le fanatique Jean Châtel pour le poignarder; le hasard voulut que le coup ne fût pas mortel. On chassa de France les jésuites, soupçonnés de complicité sur des motifs graves (1595). Pour mettre fin aux troubles que Philippe II fomentait encore en France, Henri IV lui déclara la guerre. Mayenne se joignit aux Espagnols; mais ils furent battus à Fontaine-Française. Alors seulement, le pape Clément VIII déclara le roi absous, moyennant le rappel des jésuites. Henri, après avoir achevé de soumettre la Bretagne, donna l'édit de Nantes aux protestans, et signa une paix générale à Vervins (1598). Trois ans après, il se trama dans le royaume une autre conspiration dirigée par Emmanuel de Savoie, par les principaux seigneurs de France, et surtout par le fils du brave Biron : ils voulaient diviser le royaume en petits États fédératifs, comme l'Allemagne. Biron, averti en vain par le roi, fut mis à mort, et la révolte fut apaisée (1602). Après avoir rappelé les jésuites, Henri déjoua une autre conspiration, tramée par la jalouse Henriette d'Entragues, l'une de ses maîtresses (1605). Les trois années qui suivirent s'écoulèrent dans la paix. Henri IV, secondé par l'immortel Sully, s'occupa d'encourager le commerce, l'industrie, l'agriculture, et de récompenser les savans. Il eut aussi la gloire de réconcilier la république de Venise avec le pape. Ce fut à la suite de ces années de bonheur, qu'appelé à finir la guerre en Allemagne, il rassembla une armée considérable, afin de mettre à exécution un plan d'alliance entre tous les peuples de l'Europe, pour le maintien de la paix perpétuelle. Il rêvait le bonheur du monde au moment où ses ennemis l'attendaient pour le frapper. La reine, Marie de Médicis, le supplia de la faire couronner avant de partir pour cette campagne, et tourmenté de pressentimens funestes, il n'y consentit qu'à regret. Le lendemain de la cérémonie, il fut assassiné dans la rue de la Ferronnerie, par le fanatique Ravaillac. Tandis que toute la France était en larmes, la reine s'occupait tranquillement de se faire conférer la régence! Ravaillac fut mis à mort. Suivant quelques historiens, il soutint ne pas avoir de complices; d'autres prétendent qu'il fit une déclaration qu'on ne voulut pas déchiffrer. Henri IV était bon, juste, économe et généreux, mais il s'abandonna trop à ses passions. Il donna l'exemple de la séduction, et l'on a fait des volumes sur ses amours. Quoi qu'il en soit, le peuple se souviendra toujours *du bon Henri*. L'Europe lui donna le titre de *Grand*, et la postérité le a confirmé; « car, dit Mézeray, la félicité « des peuples est la véritable grandeur des souverains. » M. C.

FRANCE.

KLÉBER.

Né en 1754. — Mort le 14 juin 1800.

XVIIIᵉ SIÈCLE.

SYNCHRONISMES.

Tremblement de terre de Lisbonne. — Paoli, chef des Corses. — Bataille de Prague. — Prise de Québec par les Anglais. — Avénement de Catherine II.

1774. Louis XVI, roi de France. — Ouverture du congrès américain. — Mort de Voltaire et de J.-J. Rousseau. — Combat naval d'Ouessant. — Mort de Frédéric-le-Grand. — Révolution française. — Prise de la Bastille. — Prise de Belgrade par les Autrichiens. — Paix de Jassy entre la Russie et la Porte. — Mort de Louis XVI. — Insurrection de Kosciuszko. — Chute de Robespierre. — Stanislas Poniatowski, dernier roi de Pologne.

1796. Batailles de Montenotte, de Lodi, de Castiglione, d'Arcole et de Rivoli. — Destruction de la puissance de Tippo-Saïb aux Indes. — Victoire de Zurich, par Masséna. — Bonaparte, premier consul.

1800. Élection de Pie VII.

(14 juin). Bataille de Marengo. — Mort de Desaix.

GÉNÉRAL.

TITRES HISTORIQUES.

Défense de Mayence.
Combat de Savenay.
Passage du Rhin.
Bataille de Fleurus, d'Altenkirchen, d'Ukrad et de Friedberg.
Prise de Maëstricht.
Escalade d'Alexandrie.
Siége de Saint-Jean-d'Acre.
Bataille de Mont-Thabor et d'Aboukir.
Seconde conquête de l'Égypte.
Victoire décisive d'Héliopolis.
Gouvernement sage et équitable.
Création d'un comité administratif.
Humanité, justice, désintéressement.
Vertus républicaines.
Mort tragique.

NOTICE.

KLÉBER (Jean-Baptiste), fils d'un terrassier de la maison du cardinal de Rohan, naquit à Strasbourg. Son père, qui le destinait à l'architecture, l'envoya à Paris suivre les leçons du célèbre Chalgrin; mais le hasard ne tarda à manifester sa véritable vocation. Étant un jour dans un café à Strasbourg, il prit le parti de deux étrangers insultés en sa présence : ses protégés, qui étaient deux gentilshommes bavarois, l'emmenèrent avec eux en Allemagne et le firent entrer à l'école militaire de Munich. Le général Kaunitz, fils du ministre de ce nom, frappé de sa bonne mine et de ses heureuses dispositions, désira l'attirer près de lui à Vienne, et lui donna une sous-lieutenance dans son régiment. C'est alors, qu'officier autrichien, il fit ses premières campagnes contre les Turcs, dont plus tard il devait être, sous les drapeaux français, le plus redoutable adversaire (1776-1788). A la paix, il donna démission, et revint en France, où la protection de M. de la Galaisière, intendant-général en Alsace, lui fit obtenir l'inspection des bâtiments publics à Belfort. Il avait entièrement renoncé aux armes, lorsque la révolution éclata; le régiment Royal-Louis, qui tenait pour la cour, eut de vifs démêlés avec des officiers municipaux de Belfort; Kléber, à la tête de la bourgeoisie, se chargea de repousser les soldats, et alla même jusqu'à défier leur colonel. Cette constance décida du reste de sa vie; il partit comme simple grenadier dans les volontaires du Haut-Rhin (1792). Le général Wimpfen, commandant à Issach, distingua bientôt ses talents et son expérience ; le nomma adjudant-major d'un bataillon chargé d'aller secourir le général Custine dans Mayence. Ce fort qu'il commanda et exécuta les sorties de Biberach et de Marienbourg, lui valurent le grade d'adjudant-général. Après la prise de Mayence, appelé à Paris en témoignage contre Custine que l'on voulait perdre, il eut le courage de prendre sa défense. Nommé général de brigade, on l'envoya combattre les royalistes de la Vendée, à la tête d'une colonne de l'armée de Mayence. Blessé au combat de Torfou, il fit sa retraite avec quatre mille hommes six pièces de canon devant vingt mille Vendéens, et remporta même un avantage considérable à Chollet; mais de nouveaux revers l'attendaient au-delà de la Loire. La Convention, sans égard pour ses succès antérieurs, le destitua; jeune Marceau, son successeur, fut plus juste, et abandonna au général dégradé une autorité dont lui-même ne conserva que le simulacre. Kléber rentra les Vendéens près du Mans, les mit en déroute, et, les poussant jusqu'à Savenay entre la Loire et la Villaine : « C'est là, dit-il, que je les attends. » Bientôt après, il entrait à Nantes à la tête de son armée victorieuse. Si on voulait une guerre d'anéantissement; on fut peu satisfait de la conduite de Kléber: naturellement doux et équitable, il gémissait de faire couler le sang de ses concitoyens; sa clémence devint suspecte. Il fut exilé, presque aussitôt rappelé, et envoyé tour-à-tour à l'armée du Nord et à celle de Sambre-et-Meuse en qualité de général de division. A Fleurus, on le voit commander l'aile gauche, et contribuer puissamment au gain de la bataille; puis il marche sur Mons, emporte le camp retranché du mont Panisel, force le passage de la Roër, rejette l'ennemi sur la rive droite du Rhin, et entre dans Maëstricht après 28 jours de tranchée ouverte et 48 de bombardement. Jourdan lui confie l'aile gauche de son armée, et sous ses ordres le passage du Rhin s'effectue devant Dusseldorf (octobre 1795). Dans la campagne suivante, il met en déroute le prince de Wurtemberg sur les hauteurs d'Altenkirchen. Retranché à Ukrad avec vingt mille hommes, le prince Charles, à la tête de soixante mille Autrichiens, ne peut l'entamer. Il bat le général

Kray à Kaldieck; et le prince de Wartensleben à Friedberg. En août, nommé commandant de l'armée par intérim, il annonce que sa communication est effectuée avec celle de Rhin-et-Moselle par Heilbroun ; Francfort lui ouvre ses portes, et, pour prix de ses services, il est rappelé. L'année suivante, le général Hoche emporte sur lui le commandement de l'armée de Sambre-et-Meuse, qu'il sollicitait. Abreuvé de dégoûts, irrité de l'injustice du gouvernement, il s'était retiré à la campagne, près de Paris, et occupait ses loisirs à la rédaction de ses mémoires, lorsque le bruit de l'expédition d'Égypte le fit sortir de son repos. Napoléon désira l'emmener avec lui, et il partit. A peine débarqué, il reçoit une blessure grave à l'escalade d'Alexandrie, dont il est nommé gouverneur (30 juin 1798). L'hiver suivant, il entre en Syrie, prend le fort d'El-Arich; Caza et Jaffa lui ouvrent leurs portes. Pendant le siége de Saint-Jean-d'Acre, il est détaché pour aller combattre les Turcs dans la plaine ; il les repousse vers le Jourdain, protège la retraite de l'armée, et, rentré en Égypte, il se distingue à Mont-Thabor et à Aboukir. Bonaparte, forcé par les évènements de revenir en France, lui confie le commandement en chef, comme au plus digne. Le grand-visir Joussouf s'avançait avec quatre-vingt mille hommes et soixante pièces de canon, par la route de Damas; El-Arich venait de tomber en sa puissance, et une partie de l'Égypte se soulevait à l'approche de ce redoutable auxiliaire. Sans argent et sans espoir de secours, Kléber sentit la nécessité de négocier, et par l'entremise du commodore anglais, Sidney Smith, traita à El-Arich de l'évacuation. Déjà il se mettait en devoir de remplir les articles de la capitulation ; déjà il avait livré Damiette et les forts de la Haute-Égypte, lorsque l'amiral Keith lui écrivit que son gouvernement ne pouvait sanctionner la convention d'El-Arich, et que l'armée française ne sortirait d'Égypte que prisonnière de guerre. Pour toute réponse, Kléber fait imprimer sa proclamation laconique : « Soldats ! aux armes ! vous répondrez à une telle insulte par des victoires ! » Aussitôt il concentre sa petite armée, livre le combat près de Coubé, où Matarieh, où se retranche l'avant-garde de Joussouf, est emporté à la baïonnette, et la victoire d'Héliopolis assure la seconde conquête de toute l'Égypte. Ce fut alors qu'il reçut de France la nouvelle de la révolution du 18 brumaire, qui mettait à la tête du gouvernement et Napoléon à la place du Directoire. Il reprit courage, et conçut enfin l'espérance de voir arriver les renforts qu'il attendait depuis si long-temps. Des contributions extraordinaires mirent à même de payer aux soldats un arriéré de onze millions. Il créa une légion grecque , un corps de Coptes qu'il habilla et exerça à la française, forma un parc de cinq cents chameaux et établit sur le Nil un grand nombre de ponts volans. Les dilapidations eurent un terme, et la création du comité administratif mit le comble à la gloire de Kléber. A la suite d'une revue de la légion grecque dans l'île de Raoudah, il se promenait sur la terrasse de son jardin , au Caire, lorsqu'un jeune fanatique, nommé Soleiman, s'élança sur lui et le tua de quatre coups de poignard (14 juin 1800). Arrêté sur-le-champ, il subit le supplice du pal. Napoléon n'aimait pas Kléber, et cependant ne pouvait s'empêcher de rendre justice à ses rares qualités. Né pour briller aux plus beaux jours d'Athènes et de Rome, il avait toutes les vertus d'un républicain sans en avoir les faiblesses. D'une taille colossale et d'une forme vraiment athlétique, son regard terrassait les séditions, et sa voix couvrait les murmures. « On eût dit un héros d'Homère. »

D. A. D.

XIXᵉ SIÈCLE.	FRANCE.	MARÉCHAL.
	LANNES.	
SYNCHRONISMES.	Né le 11 Avril 1769. — Mort le 31 Mai 1809.	TITRES HISTORIQUES.

Règne de Louis XVI. — Révolution française. — Victoires et conquêtes. — Bonaparte, empereur.

Règne florissant de Catherine II en Russie. — Paul 1ᵉʳ et Alexandre s'arment contre la France.

Assassinat de Gustave III en Suède. — Élévation de Bernadotte. — Réunion du Danemark et de la Norwège à la Suède.

Démence de George III, roi d'Angleterre.

Indépendance des États-Unis.

Joseph II, empereur d'Allemagne; François II, son neveu et son 2ᵉ successeur, prend le titre d'empereur d'Autriche et entre dans la coalition contre la France.

Joseph Bonaparte et Murat jetés sur les trônes d'Espagne et des Deux-Siciles.

Première campagne d'Italie. — Combats de Lodi et d'Arcole.

Campagne d'Égypte. — Bataille d'Aboukir.

Deuxième campagne d'Italie. — Passage du mont Saint-Bernard. — Le général Ott vaincu à Montebello. — Bataille de Marengo.

Campagne d'Autriche. — Bataille d'Austerlitz.

Campagnes de Prusse et de Pologne. — Combats d'Iéna et de Friedland.

Guerre d'Espagne. — Les généraux Castaños et Palafox vaincus à Tudéla. — Siége de Saragosse.

Deuxième guerre d'Autriche. — Défaite de l'archiduc Charles. — Prise de Vienne. — Bataille d'Essling. — Mort glorieuse.

NOTICE.

Parmi cette foule d'illustrations militaires dont le nom seul de Napoléon réveille le souvenir, il en est une surtout sur laquelle l'imagination se plaît à se reposer, parce qu'elle fut pure et sans tache : c'est celle qui protège la mémoire de Jean Lannes, duc de Montebello. Nous le voyons à l'âge de vingt-trois ans (1792), séduit par les prestiges d'une gloire dont il ne devine pas encore toute l'étendue, abandonner Lectoure, le lieu de sa naissance, et l'obscure profession de teinturier, pour s'enrôler dans un bataillon de volontaires nationaux. Nommé sergent-major à l'armée des Pyrénées-Orientales, il est déjà chef de brigade en 1794, puis destitué après le 9 thermidor, comme partisan des Jacobins; mais cette disgrâce lui a valu un ami, auquel sa destinée est désormais unie par des liens indissolubles, un jeune officier d'artillerie, de son âge, comme lui pauvre et destitué par le gouvernement, comme lui riche d'avenir, Napoléon Bonaparte. La réaction de vendémiaire a eu lieu, la Convention reconnaissante a décerné le commandement de l'armée d'Italie au jeune défenseur; Lannes est admis à l'honneur de le suivre, Bonaparte n'est déjà plus son égal, mais il est toujours son ami. Les combats de Millesimo et de Bassano marquent ses premiers pas dans la carrière des armes. Le 17 mai 1796, il passe le Pô, le premier, à la tête des grenadiers; le lendemain, il est sur les bords de l'Adda en face du pont de Lodi, défendu par les batteries autrichiennes; ses grenadiers éprouvent un moment d'hésitation ; il s'élance à leur tête avec Berthier et Masséna, et culève le pont au pas de charge. L'Italie septentrionale semblait soumise; mais, l'année suivante, l'insurrection s'éveille aux sons du tocsin dans toute la Lombardie : Lannes assiége Pavie, l'emporte d'assaut après une résistance longue et opiniâtre, et est nommé général de brigade. Blessé dans la première journée d'Arcole, le 14 novembre, il apprend le lendemain que l'attaque se continue devant le pont, se fait donner ses armes, monte à cheval et est renversé au milieu de la mitraille, pour mort. Quelques jours plus tard, il prenait Imola, et, maître des états du pape, il étouffait les cris de l'insurrection sous le bruit de ses fusillades. Le général Lannes revint à Paris après le traité de Campo-Formio, mais il ne devait pas y faire un long séjour; il fallait des combats pour exercer l'activité de son âme brûlante ; et il était déjà las de cette atmosphère d'intrigues et de factions dans laquelle il vivait à Paris, lorsqu'il reçut l'ordre de partir pour l'Égypte dans l'armée sous la division du général Kléber. On était au printemps de l'année 1798 ; Lannes s'embarque sur la Méditerranée, assiste, chemin faisant, à la prise de Malte, débarque le 1ᵉʳ juillet devant Alexandrie; bat les Mamelucks en plusieurs rencontres, et parcourt en vainqueur toute la Basse-Égypte. Dans l'hiver de 1799, il fit partie de ces douze mille hommes d'élite qui, sous la conduite de Bonaparte, traversèrent le désert pour aller attaquer le pacha de Damas. La prise de Gaza et de Jaffa fut de sa part une grande partie à son courage. Au siége mémorable de Saint-Jean d'Acre, il monta l'un des premiers sur la brèche, et fut renversé : dévouement stérile, puisqu'il fallut lever le siége, et qu'il put s'estimer heureux encore de regagner le Caire avec les débris de cette déplorable expédition. Mais la fortune lui réservait un ample dédommagement à Aboukir. Deux fois, dans cette sanglante journée, il franchit les positions des Turcs et refoula leurs bataillons dans les eaux de la rade où ils trouvèrent un horrible refuge contre leurs vainqueurs. Enfin, il emporta le fort le 2 août. Le 22 septembre suivant, ne fut pas sans surprise qu'il reçut de Bonaparte l'ordre de partir avec lui sur-le-champ pour la France. Il quitta l'Égypte et les combats pour retomber de nouveau dans les brigues et les factions qu'il détestait. De défenseur de la patrie, devenu docile et muet instrument d'un chef de parti, il alla jouer à son insu le rôle qu'on lui destinait dans la journée du 10 brumaire, où il commanda le château des Tuileries. La seconde campagne d'Italie vint enfin lui ouvrir de nouvelles sources de gloire et d'élévation. Moderne Annibal, on le vit à la tête d'une armée entière, frappée de stupeur et d'hésitation, lancer son cheval au milieu des neiges vierges du mont Saint-Bernard, se précipiter sur les belles vallées du Piémont, en chassant devant lui le général Mélas et les Autrichiens, et préluder par la bataille de Montebello à l'immortelle journée de Marengo (14 juin 1800), où, s'il n'obtint pas comme Desaix la palme de la victoire, il eut du moins celle du courage. Après une ambassade sans succès à Lisbonne, le général Lannes fut rappelé à l'avénement de Napoléon au trône, pour recevoir sa part de dignités et de récompenses. Il fut créé duc de Montebello et maréchal d'empire. Depuis, son nom vient se mêler à toutes nos victoires. Dans la première campagne d'Autriche, en 1805, vainqueur à Hollabrunn des Autrichiens et des Russes réunis, il reparaît à Austerlitz à l'aile gauche de l'armée, où son courage contribua puissamment au gain de la bataille. En 1806 et en 1807, il attache son nom aux victoires d'Iéna et de Friedland. Dans ces deux batailles, ce fut lui qui, mettant en œuvre la grande tactique de Napoléon, enfonça le centre de l'armée ennemie et répandit ainsi le trouble et la consternation dans les deux ailes. C'est avec regret qu'en 1808 nous le retrouvons au milieu des débris fumans de Saragosse, vainqueur, après cinquante-deux jours de siége, d'une population de cadavres minés par la faim et le désespoir ; honteux trophée d'une expédition plus honteuse encore! Dans ce moment, l'invasion des Autrichiens en Bavière le fit rappeler au centre de l'Europe. Par une marche rapide, et dont tous les pas sont marqués du sang des Autrichiens et des défaites de l'archiduc Charles, il est bientôt devant Vienne avec l'empereur, et force la ville à capituler (10 mai 1809). Dix jours après, le Danube est passé, et alors commence cette fameuse bataille d'Essling qui dura trois jours et coûta tant de sang aux deux armées. Le second jour, le duc de Montebello avait réussi à enfoncer le centre des Autrichiens, et la bataille semblait gagnée, lorsqu'on apprit tout à coup que l'archiduc, après avoir fait rompre les ponts jetés sur le Danube, s'apprêtait à reprendre l'offensive. Les munitions commençaient à manquer, les Français étaient réduits à se servir de la baïonnette ; l'intrépide Lannes était partout au devant de sa ligne, lorsqu'un boulet de canon lui emporta les deux jambes, on voyait sur les bords du Danube douze grenadiers pâles et souillés de sang et de poudre, s'avancer silencieusement en soulevant avec précaution un fardeau sur leurs fusils unis en forme de brancard...... Parvenus en face de la petite île de Lobau, où une barque les attendait, ils s'arrêtèrent; dans ce moment un cavalier vêtu de l'uniforme de général se dirigeait à bride abattue de leur côté. A sa vue, ils baissent la tête, en portant machinalement la main à leurs bonnets à poils. Le cavalier se jette à bas de son cheval et se précipite sur le brancard en versant un torrent de larmes..... C'était l'empereur. Cependant Lannes respirait encore, mais il y avait peu d'espoir de lui conserver la vie. On le transporta dans l'île de Lobau où lui fut faite l'amputation, et de là à Vienne, où il mourut peu de jours après ; heureux peut-être de n'avoir pas été témoin des désastres de son pays, des fautes et de la chute de son empereur.

A. DE L....

Imprimerie de E. Pochard, rue du Pot-de-Fer, n. 14, à Paris.

XVIIIᵉ SIÈCLE.

FRANCE.

ACTEUR.

LE KAIN.
Né le 14 Avril 1729. — Mort le 8 Février 1778.

SYNCHRONISMES.

TITRES HISTORIQUES.

1729. Mort de Baron.
1730. Mort de Miss Oldfield, célèbre actrice anglaise : elle est enterrée avec pompe à Westminster.
1752. Voyage de Garrick en France. Arrivée d'une troupe italienne à Paris.
1757. Règlement qui fixe les droits des auteurs dramatiques.
1759. Suppression des banquettes sur la scène.
1763. Naissance de Talma. Les comédiens Français mis au fort l'Évêque.
1765. Retraite de Mˡˡᵉ Clairon. Gluckistes et Piccinistes.—Procès du dramaturge Mercier avec les comédiens.—Mémoire de M. Henrion de Pansey.—1778. Dernier voyage de Voltaire à Paris.
Mˡˡᵉˢ Clairon, Dumesnil, Gaussin, Dangeville. MM. Graudval, Brizard, Lanoue, Molé, Bellecour, Monvel, Préville. — Garrick, Quin, Cibber, Barry, en Angleterre — Shéridan et Macklin en Irlande. — Eckoff en Allemagne. — Farinelli, Caffarelli, célèbres chanteurs Italiens. — La Gabrielli, excellente actrice et cantatrice. — Sacchi, fameux arlequin. — Goldoni substitue des comédies régulières aux arlequinades et aux farces improvisées. 1748.

Vendôme, Orosmane, Tancrède, Zamore, Ninias, Gengis-Kan, Mahomet, Seïde, Œdipe, Oreste, Néron, Achille (Iphigénie en Aulide), Cinna, Rodrigue, le Comte d'Essex, Bayard (Gaston et Bayard), Edouard (le Siége de Calais), Manlius, Servilius, Ladislas (Wenceslas), Rhadamiste, Spartacus, Guillaume Tell, Warwick, Damou (le Préjugé à la Mode).

Première idée d'une école de déclamation.

Commencement de réforme dans la déclamation, le costume et l'appareil théâtral.

Divers mémoires sur des améliorations à introduire dans le régime intérieur des spectacles, la suppression des banquettes sur la scène, etc.

NOTICE.

Henri-Louis Le Kain eut pour père un orfévre, fabricant d'instruments de chirurgie. Destiné à la même profession, le jeune Le Kain, à 16 ans, était déjà renommé pour ses travaux en ce genre. Néanmoins son éducation fut plus soignée que ne l'était à cette époque celle des artisans et de la plupart des grands seigneurs. Il eut d'excellents maîtres de dessin, et ce talent lui fut utile dans la suite. Envoyé au collége Mazarin, ce fut là que se développèrent chez lui les premiers symptômes d'une vocation décidée pour le théâtre. Ne pouvant, à cause de son jeune âge de fortune, jouer dans les pièces que les écoliers représentaient à la fin de l'année, il les souffiait aux répétitions et leur donnait d'utiles conseils. Le dimanche, son unique plaisir était d'aller à la Comédie-Française. Des tirades, des rôles, des pièces entières se gravaient dans sa mémoire. Au collége, on faisait cercle autour de lui, et plus d'une fois son père se plaignit de ce qu'à l'atelier la jalousie des ouvriers quittaient leurs travaux pour l'entendre. A la paix de 1748, plusieurs théâtres de société s'étant formés sur Paris, Le Kain s'essaya successivement à l'hôtel Jaback, rue Saint-Merri, et à l'hôtel de Clermont-Tonnerre, aux environs de la place Royale. Ce fut à ce dernier théâtre, formé d'abord par la jalousie des comédiens français, puis rouvert par la protection de l'abbé Chauvelin, que Voltaire vit en 1750 une comédie de Darnaud, intitulée le Mauvais Riche. A travers le fatras de la pièce et le jeu plus que médiocre des autres acteurs, il distingua celui qui jouait l'amoureux, se fit présenter après le spectacle, et l'engagea à venir le voir. C'était Le Kain. Il faut lire dans ses mémoires les détails de cette entrevue, l'embarras du jeune homme, Voltaire lui tendant les bras en remerciant Dieu d'avoir créé un être qui l'avait ému en débitant d'assez mauvais vers, ses questions, son offre généreuse de prêter à Le Kain 10,000 francs pour son établissement s'il voulait renoncer à un état dont il n'envisageait que les brillantes illusions. Celui-ci, confus de tant de bonté, eut néanmoins le courage de refuser : il ne connaissait, dit-il, d'autre bonheur sur la terre que de jouer la comédie, d'autre ambition que d'être un jour reçu au Théâtre-Français. Comme sa vocation de son protégé était invariable, Voltaire le recueillit chez lui, fit bâtir au-dessus de son logement, rue Traversière, un petit théâtre où jouèrent Le Kain, sa société, les nièces de Titus, de Rhadamiste, et de Zamore. Le public parait avoir décidé que cet acteur a de l'intelligence, une expression très pathétique, un geste fort noble. Ces talents sont balancés par quelques défauts. M. Le Kain a de frappants. Malgré cela il remue, il tousse, il entraîne, et il n'a que 20 ans. « Il ne faut pas croire cependant que le débutant réunit dès lors tous les suffrages. Il eut pour qu'après dix-sept mois, il put lui-même, que je parvins à surmonter les obstacles de la ville et de la Cour. » A la ville, ces obstacles vinrent principalement de ce jeu exagéré d'abord au point qu'on l'appela le Taureau le Convulsionnaire. Ce fut bien pis à la cour; les femmes, habituées à l'élégance du beau Dufresne, virent un homme dont la physionomie était com-

mune, le visage rouge et tanné, la jambe grosse et courte, la voix dure, la taille épaisse. Aussi devint-il du bon ton de se récrier sur sa laideur; déjà même tout lui présageait une disgrace, lorsqu'il eut le bonheur de plaire à Louis XV dans le rôle d'Orosmane. *Il m'a fait pleurer*, dit le roi, *moi qui ne pleure guère*. C'en fut assez : les grandes dames se turent, les courtisans pleurèrent, et Le Kain fut reçu (février 1750). A cette époque, dit Talma, la déclamation était une espèce de psalmodie, de triste mélopée, dont peu d'acteurs osaient s'affranchir. Un justaucorps de satin pour les héros, une espèce de cuirasse pour les guerriers, une perruque, une énorme perruque, et une profusion de rubans qui les rendait assez semblables à Jodelet des Précieuses Ridicules, tel était le costume des hommes. Les femmes portaient un immense panier, un habit de cour, qu'on nommait *manteau troussé*; quelques rubans ou de moins faisaient la différence des reines, des bergères et des soubrettes. Des coulisses peintes d'une manière assez équivoque pour représenter un palais ou une campagne; des garçons de théâtre, et dans les grandes occasions des soldats du régiment des Gardes en uniforme, à la suite des princes, voilà pour l'appareil théâtral. Le Kain réforma un grand nombre de ces abus (voyez les titres historiques); mais il commença par se réformer lui-même. Il fit disparaitre les défauts de ses traits sous une expression vive et mobile, mit plus de sagesse dans son jeu; souvent même renonça aux applaudissements de la multitude pour donner à ses rôles une couleur plus vraie; c'est ce qu'il fit pour ceux de Servilius et de Gengis-Kau. Bientôt il devint l'objet d'une admiration toujours croissante. Ah! qu'il est beau! s'écrièrent souvent ces mêmes femmes qui l'avaient accueilli à ses débuts par une exclamation toute différente. Les vieux amateurs se rappellent encore son entrée dans Mahomet, la manière dont il disait : *Il est donc de ces remords?* et les sanglots dont il entrecoupait ce vers d'Adélaïde Duguesclin : *Vous avez mis la mort dans ce cœur outragé!* Les écrits de Grimm et de La Harpe respirent le plus vif enthousiasme pour son talent, contesté en vain par Marmontel et Collé. Frédéric II le fit venir à Berlin, et pendant les représentations qu'il y donna, se tint constamment derrière l'orchestre, pour mieux le voir et le l'entendre. Quelques années avant sa mort, Le Kain fit une maladie qui sembla perfectionner encore son jeu; jamais il n'excita les transports aussi vifs qu'à sa rentrée (1771), si ce n'est à sa dernière représentation. Il jouait le rôle de Vendôme. Tous les commentaires s'accordent à dire qu'il y fut sublime, et même l'énergie extraordinaire qu'il y déploya, jointe à quelques imprudences, fut la cause première de sa mort*. Lorsqu'on l'annonça au parterre, ce fut un profond silence, une consternation générale, et Voltaire, qui jamais n'avait vu jouer son protégé à Paris, où il rentroit alors après 30 ans d'absence, se trouva mal à cette nouvelle. Comme homme, Le Kain fut simple, mais fier et passionné. Il n'aima jamais qu'avec fureur, et l'on a retenu sa belle réponse à un militaire qui se plaignait avec hauteur de ce qu'un comédien gagnait 15,000 francs par an, tandis qu'un officier n'avait quelquefois que 400 livres de pension : « Comptez-vous pour rien, lui dit-il, le droit que vous croyez avoir de me « parler ainsi? » Nous citerons en terminant, sans toutefois en accepter la responsabilité, l'opinion de deux hommes d'esprit, Linguet et Louis XVIII, qui avaient été à même de comparer Le Kain à ses deux illustres rivaux : l'un le préférait à Garrick, et l'autre à Talma.   B. E. J. R.

* On lit encore l'inscription suivante sur une maison située rue de Vaugirard, n° 11 : Henri-Louis Le Kain est mort dans cette maison le 8 février 1778.

Imprimerie de E. Pochard, rue du Pot-de-Fer, n. 14, à Paris.

FRANCE.

LOUIS XI.

XVᵉ SIÈCLE.   **ROI.**

Né le 3 juillet 1423. — Mort le 31 août 1483.

SYNCHRONISMES.

Continuation et fin de la guerre des deux roses, en Angleterre. — Henri VI, dernier roi de la maison de Lancastre. — Marguerite d'Anjou sa femme. — Édouard IV, premier roi de la maison d'Yorck.

Frédéric IV, empereur d'Allemagne.

Ferdinand et Isabelle chassent les Maures d'Espagne. — Premières scènes d'inquisition en Castille, contre les Juifs et les Maures.

Établissement des navigateurs portugais en Afrique, sous Alphonse V. Commencement de la rivalité de la maison régnante des Avis avec celle de Bragance. — Jean II.

Conjuration patriotique des Pazzis contre les Médicis, à Florence.

Prise de Constantinople par Mahomet II.

Invention de l'imprimerie, en Allemagne.

TITRES HISTORIQUES.

Premiers coups à la féodalité.

Réunion à la couronne de l'Anjou et de la Bourgogne.

Quelques lois utiles.

Amélioration dans la manière de rendre la justice civile.

Établissement de la poste.

Encouragemens au commerce et à l'industrie.

Despotisme, et cruautés inouïes.

Impôts arbitraires.

Politique basse et tortueuse.

Hypocrisie profonde.

Abolition de la pragmatique sanction.

NOTICE.

Si le titre de restaurateur de la monarchie pouvait effacer l'odieux d'un despotisme fondé sur la bassesse et l'hypocrisie, peu de règnes offriraient plus d'intérêt que celui de Louis XI. Mais, au milieu des grands événemens du XVᵉ siècle, on voit avec peine la France humiliée sous un génie aussi étroit. Né à Bourges, Louis XI fut instruit avec soin par le faible, mais vertueux Charles VII, son père. Il le suivit dans plusieurs guerres, où il se montra beaucoup de courage et d'énergie. Bientôt il se révolta contre le roi, dont il empoisonna, dit-on, la maîtresse, Agnès Sorel, et qui averti et persuadé que son fils voulait lui faire subir le même sort, se laissa mourir de faim (1461). Tels étaient les antécédens de Louis XI à son avènement au trône. Son premier soin fut de disgracier tous les amis de son père et de se former une nouvelle cour, dans laquelle il fit figurer Olivier-le-Daim, son barbier-ambassadeur, et Tristan, son bourreau. Pressé par La Balluc, qui achetait ainsi le chapeau de cardinal, il abolit la pragmatique sanction, décrétée par Charles VII pour consacrer les libertés de l'Église gallicane. Mais il laissa, pendant tout son règne, l'exécution de ce décret en suspens, afin de tenir le Saint-Siège sous sa dépendance. Le duché-apanage de Bourgogne et le duché de Bretagne excitaient l'ambition de ce prince, ennemi de la féodalité. Il essaya de perdre l'un par l'autre, François II, duc de Bretagne, et Philippe-le-Bon, duc de Bourgogne ; une pareille duplicité les indigna. Excités par Charles, fils de Philippe, et, après la bataille de Mont-l'Héri, les principaux seigneurs du royaume, et formèrent, dans leur propre intérêt, la Ligue du bien public. Ils avaient fait enlever le jeune duc de Berry, frère du roi, et s'en servirent, sous prétexte de rendre douteux, lui refusait un apanage. Le monarque, seul contre des ennemis si redoutables, affecte pour le moment une popularité adroite, rassemble une armée assez nombreuse ; et, après la bataille de Mont-l'Héri, dont le succès reste douteux, il arrache aux alliés le traité de Conflans, par lequel il abandonne la Normandie à son frère, et une partie de la Picardie au duc de Bourgogne (1465). « Entre tous ceux que j'ai connus, dit Mézeray, le plus sage pour soy tirer « d'un mauvais pas, c'était Louis XI, notre maître, le plus humble en « paroles et en habits ; et qui plus travaillait à gagner un homme qui le pou-« vait servir, ou qui lui pouvait nuire. » Il portait son bonnet de loutre des reliques, des médaillons, et une petite Notre-Dame de plomb, qu'il baisait respectueusement toutes les fois qu'il faisait un serment. On va voir comment il tenait parole. En même temps qu'il traite avec le Bourguignon, il soulève les Liégeois contre lui ; et, trois ans après, tandis que Charles, devenu duc de Bourgogne par la mort de son père, est encore occupé à les soumettre, il proteste contre le traité de Conflans, s'empare de la Normandie, et force le duc de Bretagne, qui protégeait Monsieur, à signer un traité onéreux. Le Bourguignon, après avoir soumis les Liégeois, venait au secours de son allié lorsqu'il reçut la nouvelle de cet arrangement. Il en fut tellement irrité, qu'il fallut faire trancher la tête au messager Breton. Le roi, pour apaiser Charles, va le trouver à Péronne, accompagné de quelques amis seulement. Mais à peine est-il entre les mains du Bourguignon, que celui-ci découvre un nouveau soulèvement des Liégeois, et Louis, pris dans ses propres filets, s'en tire cependant encore en cédant, à son frère, la Guyenne au lieu de la Normandie (1468). Il éluda une partie de ce traité, malgré les menées perfides de La Baluc, qu'il fit renfermer (1469). L'année suivante, pour flatter les seigneurs dont il détruisait l'influence, il fonda l'ordre de Saint-Michel, aujourd'hui confondu avec celui du Saint-Esprit. Peu de temps après, le duc de Guyenne meurt empoisonné, et Louis XI est encore soupçonné de ce crime. Charles lui déclare la guerre sous ce prétexte, ravage la Picardie, et vient échouer devant Beauvais, repoussé par l'héroïque Jeanne Hachette (1472). Irrité de cet échec, il forme une nouvelle ligue avec Édouard IV, roi d'Angleterre, dans le but prétendu de rendre aux Français leur liberté. Tandis que Louis achève la conquête du Roussillon, Édouard entre en France avec une armée considérable. Mais Charles-le-Téméraire, qui avait cru voir l'occasion de s'emparer de la Belgique, y avait mené ses troupes. Fidèle à son système, Louis soulève les Suisses contre Charles, et traite avec Édouard, dont il se reconnaît vassal. L'Anglais, fier de cet hommage, quitte la France. Louis XI sourit de l'orgueil de son rival, et se crut plus que jamais habile à régner. Charles-le-Téméraire, battu par les Suisses, périt l'année suivante dans une bataille près de Nancy (1476). Le roi se fait reconnaître des droits sur le duché de Bourgogne ; et, par l'entremise de Jean de Châlons, prince d'Orange, il s'empara de la Franche-Comté, qui faisait partie des états de Charles. Mais il en avait promis le gouvernement à Jean, et il refusa de tenir parole. Le prince, irrité, soulève les Bourguignons, bat les Français, et rend la Franche-Comté à Marie, héritière de Bourgogne, qui épouse Maximilien, archiduc d'Autriche. Celui-ci poursuivit la guerre contre Louis XI. Après avoir éprouvé plusieurs échecs, il remporta sur lui la victoire de Guinegate (1480). Mais le roi gagnait du temps en négociations. Enfin, l'Anjou venait de être réuni à la couronne, après la mort de René, comte de Provence, et Louis avait signé une trève avec l'archiduc, lorsque Marie mourut d'une chute de cheval (1482). Elle laissait un fils, qui fut le père de Charles-Quint, et une fille, qui épousa Charles VIII. Louis XI, attaqué, depuis deux ans, d'une maladie mortelle, s'était renfermé dans son château de Plessis-les-Tours, où se passaient, dit-on, les scènes les plus extravagantes, et suivant quelques historiens, où se commettaient des crimes et atrocités sans nombre. Quoi qu'il en soit, il s'occupait aussi de faire rassembler toutes les coutumes pour composer un code ; il favorisait le commerce et l'industrie, et donnait la première idée de la poste en rendant public le service de ses courriers. Il passa la dernière année de sa vie éloigné du Dauphin, dont il craignait l'ambition... Il changeait continuellement de gardes et de domestiques dans sa lâche frayeur de la mort, il se couvrait de reliques, et ordonnait, pour lui, la prière consacrée depuis sous le nom d'Angelus, en même temps qu'il consultait ses astrologues et ses sorciers. Cependant il mourut avec moins de faiblesse qu'on n'eût cru. On dit que ce prince, qui était très savant et auquel on attribue deux ouvrages : *Les Cent Nouvelles Nouvelles* et *le Rosier des Guerres*, voulut que l'éducation de son fils fût très bornée, et ne souffrit pas qu'il apprît d'autre latin que ces mots : « qui nescit dissimulare nescit regnare » (qui ne sait pas dissimuler ne sait pas régner). L'histoire a prouvé que cette maxime ne fut pas entièrement oubliée.

M. C.

Imprimerie et Fonderie de J. Pinard, rue d'Anjou-Dauphine, n. 8, à Paris.

FRANCE.

XVIIᵉ SIÈCLE. **ROI.**

LOUIS XIV.

SYNCHRONISMES.   Né le 5 septembre 1638. — Mort le 1ᵉʳ septembre 1715   TITRES HISTORIQUES.

Révolution d'Angleterre. — Exécution de Charles Iᵉʳ. — Cromwell, protecteur de la république. — Il meurt. — Charles II est rappelé. — Jacques II, son successeur, est chassé du royaume. — Fin de la dynastie catholique. — Les Wighs et les Torys. Guillaume, Anne, Georges Iᵉʳ.

Ferdinand III, Léopold Iᵉʳ, Joseph Iᵉʳ, Charles VI, emp. d'Allem.

Philippe IV, Charles II, rois d'Espagne. — Dynastie des Bourbons. — Philippe V.

Christine, reine de Suède. — Elle abdique. — Charles IX et X. — Charles XII. — Guerres continuelles.

Mort de Charles-Gustave, roi de Danemarck. — Révolution politique. — Christian V. — Monarchie absolue. — Décadence de la féodalité. — Frédéric IV. — Guerres contre Charles XII.

Pierre-le-Grand. — Progrès de l'influence politique de la Russie en Europe.

Révolution de Naples. — Le pêcheur Masaniello.

Éclat des armes françaises, sur terre et sur mer.

Prépondérance de la France en Europe.

Protection aux sciences, aux arts et à l'industrie. — Création de la compagnie des Indes. — Canal du Languedoc.

Fondation des académies de peinture, des élèves de Rome, des sciences et des inscriptions et belles-lettres.

Construction de l'hôtel des Invalides.

Intolérance politique et religieuse. — Révocation de l'édit de Nantes et massacre des protestans.

Autorité absolue; ses conséquences funestes sur le développement du génie national. — Abaissement des parlemens. — Oubli des intérêts de la nation.

Politique ambitieuse.

Guerres injustes et ruineuses. — Construction du palais de Versailles et luxe de la cour.

NOTICE.

Louis XIV naquit à Saint-Germain. Il avait cinq ans lorsque le trône lui échut par la mort de Louis XIII, son père (1643). Mazarin, favori déclaré de la régente, avait hérité du pouvoir de Richelieu, et la longue minorité du roi lui laissait encore plus de liberté que n'en avait eu le ministre souverain. La guerre contre l'Autriche fut continuée avec gloire : Turenne, le Condé, son rival, vainqueurs à Rocroi, à Fribourg, à Nordlingen, amenèrent le traité de paix de Westphalie, par lequel Mazarin, en limitant le pouvoir de l'empire, rétablit l'équilibre en Europe (1648). Mais son despotisme pesait sur la France. Les grands du royaume se soulevèrent avec le parlement, s'allièrent aux Espagnols, et donnèrent le signal d'une guerre civile, qu'on nomma *la Fronde.* Condé, à la tête des révoltés, montra peu de modération pendant cette guerre, toute d'intrigue. Le ministre s'inclina devant les Frondeurs, sourit de leur orgueil, et, rentré au pouvoir, il les humilia plus que jamais (1653). Ces troubles avaient mûri à l'éducation scientifique de Louis XIV; mais ils avaient mûri l'avaient mûri; et il avait appris à connaître ses sujets. Il fit ses premières études militaires sous les yeux de Turenne, contre les Espagnols. Après six ans de combats, on signa le traité des Pyrénées. La France conserva l'Artois et le Roussillon, et Louis épousa l'infante Marie-Thérèze (1659). Se reposant sur son ministre, il s'était encore peu occupé des affaires du royaume; mais il avait préludé, avec la duchesse de Navailles et Marie de Mancini, à ces intrigues amoureuses qui furent si légères et si touchantes avec Mlle de La Vallière, si graves et si importantes avec la veuve de Scarron. La mort de Mazarin laissa bientôt un libre champ à son élève (1661). Le roi avait déjà fait sentir son caractère despotique au parlement d'une manière insultante; mais alors il semble s'éveiller tout-à-coup : plus de ministre tout puissant, plus d'insolent favori, et l'on croit déjà entendre ces mots : *l'État c'est moi.* Du moins il gouverna souvent avec grandeur et habileté. Abandonné à lui-même, il commença par renvoyer Fouquet, ministre des finances, et le remplaça par Colbert, son intendant particulier. Celui-ci déploya dans son administration les ressources du plus grand génie : en peu d'années les finances devinrent florissantes, et l'impôt fut diminué; le commerce, les arts, l'industrie, se développèrent avec un éclat prodigieux: Riquet creusa le canal des deux mers, et la Compagnie des Indes fut créée. Louis donna l'essor aux sciences et aux lettres, et fit reconnaître un corps de Droit. En même temps, il se jouait du parlement, combattait toute innovation politique et religieuse, et cependant il faisait représenter les chefs-d'œuvre de Racine et de Molière; *Britannicus* et *Tartufe.* Tel est le tableau que présente la première partie du règne de Louis XIV. Après quelques années de paix, il déclara la guerre à l'Espagne, sous un prétexte frivole. Il s'empara en peu de temps de la Flandre et de la Franche-Comté; mais la Hollande et l'Angleterre le forcèrent à signer la paix d'Aix-la-Chapelle (1668). Quatre ans après, soutenu par l'Angleterre, il passa le Rhin, et entre victorieux en Hollande, pour se venger de l'intervention de cette république dans la guerre précédente. Énivré de ses succès, il la décerne un triomphe insolent, lorsqu'on apprend que les Hollandais, excités par Guillaume, prince d'Orange, viennent de s'entourer de leur pays pour conserver leur liberté, et que les flottes combinées de France et d'Angleterre ont été battues par l'amiral hollandais Ruyter. L'armée française évacua la Hollande (1673). Mais l'Empire et l'Espagne s'étaient soulevés : Turenne et Condé en triomphent après deux ans de guerre, et Louis signe la glorieuse paix de Nimègue, qui ne fait qu'assurer une partie de ses conquêtes (1678). Ce fut alors qu'il fit bâtir le somptueux et inutile palais de Versailles, la patriotique retraite des invalides. Duquesne bombarda Gênes et Alger; et ce furent les derniers succès éclatans du règne de Louis XIV. Après la mort de Colbert, il ne craignit plus les protestans; il révoqua l'édit de Nantes, et fut applaudi même par les magistrats et les gens de lettres (1685). Il alla plus loin : les réformés furent exilés ou massacrés, et l'on envoya des soldats contre les Calvinistes des Cévennes. L'Europe s'indigna : Guillaume, appelé au trône d'Angleterre par le parlement, qu'il avait en partie soulevé contre Jacques II, son beau-père, forma la ligue d'Augsbourg avec les puissances armées contre la France. On fit la guerre avec acharnement. Les succès furent balancés, tant sur terre que sur mer. Jacques, soutenu par Louis XIV, fit une descente en Irlande et fut repoussé; mais Catinat vainquit Victor-Amédée, duc de Savoie; Luxembourg remporta sur Guillaume les victoires de Fleurus, de Steinkerque et de Nerwinde. Cependant les soldats étaient épuisés, les finances, dans un état désespérant, et Louis fut obligé de signer la paix désavantageuse de Riswick (1697). Trois ans après, le roi Charles II meurt en laissant par son testament le trône d'Espagne au petit-fils du roi de France. Malgré les réclamations de l'Europe contre cette disposition extorquée, Louis envoie le duc d'Anjou en Espagne, en lui disant : *Il n'y a plus de Pyrénées.* La Catalogne résista seule au nouveau roi, qui se combattit avec les puissances alliées. Le prince Eugène remporta sur Villeroi la victoire décisive de Ramillies, et s'empara de l'Italie, tandis que Villars massacrait encore les héroïques paysans des Cévennes. Enfin Molborough et les Catalans menaçaient Philippe V en Espagne. Louis demanda la paix; mais on exigea qu'il détrônât son petit-fils; il préféra continuer la guerre. La défaite de Malplaquet acheva de décourager l'armée. Cependant Dugay-Trouin prenait Rio-Janeiro, et ruinait le commerce des ennemis en Amérique. Enfin, la victoire de Denain, remportée par Villars sur le prince Eugène, amena la paix d'Utrecht, par laquelle Philippe V fut maintenu en Espagne. Mais Louis eut la honte d'obliger à démolir le port de Dunkerque (1713). Il avait vu mourir son coup son fils et son petit-fils; il mourait de chagrins, il dépérissait lui-même de jour en jour. Il n'avait plus pour directeurs que madame de Maintenon, sa maîtresse, et le jésuite Letellier. A leur prière, il légitima le duc de Maine et le comte de Toulouse, bâtards qu'il avait eus de madame de Montespan. Villeroi et madame de Maintenon lui arrachèrent un testament par lequel il laissait au duc de Maine la régence pendant la minorité de Louis XV. Cependant sa maladie faisait des progrès, et, à chaque crise, les courtisans s'éloignaient de lui pour s'attacher au duc d'Orléans. Enfin, il mourut accablé de regrets, mais avec une fermeté sublime. Abandonné de tous ceux qui avaient adoré sa puissance, ses dernières paroles furent adressées à un domestique. Le lendemain, un arrêt du parlement cassait le testament du monarque absolu, et conférait la régence au duc d'Orléans : Louis-le-Grand l'avait prévu.

M. C.

Imprimerie et Fonderie de J. PINARD, rue d'Anjou-Dauphine, n. 8, à Paris.

FRANCE.

MALET.

XIXᵉ SIÈCLE. **GÉNÉRAL.**

Né le 28 Juin 1754. — Mort le 27 Octobre 1812.

SYNCHRONISMES.

Paul Iᵉʳ est assassiné et Alexandre Iᵉʳ monte sur le trône de Russie.

Insurrection de l'Irlande contre l'Angleterre.

Dessalines fonde la République Haïtienne. — Christophe élu gouverneur.

Insurrection et origine de l'indépendance de Venezuela, du Chili, de la Floride, du Mexique.

Mehemet-Aly, pacha d'Égypte, fait massacrer les mamelucks au Caire.

Déposition de Mustapha IV. — Avénement de Mahmoud IV.

Campagne de Russie; incendie de Moscou, etc.

TITRES HISTORIQUES.

Indépendance et fermeté de caractère.

Protestation contre l'élévation de Bonaparte.

Tentative pour renverser le gouvernement impérial, conçue avec génie, conduite avec habileté, exécutée avec audace et sang-froid.

Mort héroïque.

NOTICE.

Charles-François Malet naquit à Dôle, d'une famille noble. Entré à seize ans aux mousquetaires, il obtint, à la réforme de ce corps, un brevet de capitaine. En 1792, il commanda un des premiers bataillons que son département envoya aux frontières. En 1799, il était général de brigade. Mais l'indépendance de son caractère et son attachement aux principes républicains, lui fermèrent bientôt la carrière des armes. Envoyé à Bordeaux pour commander le département, il vote contre le consulat à vie. On le relègue aux Sables d'Olonne. Ni places, ni cordons, ne le purent rallier au nouveau pouvoir. Quand Bonaparte se fit proclamer empereur, il lui adressa son adhésion en ces termes : « Si l'empire héréditaire est le seul refuge contre « les factions, soyez empereur; mais employez toute l'autorité que votre « suprême magistrature vous donne, pour que cette nouvelle forme de gou« vernement soit constituée de manière à nous éviter la tyrannie ou l'inca« pacité de vos successeurs, etc. » En même temps il écrivait au général Gobert: « Forcé de donner mon adhésion, il fallait y mettre de la dignité, » et ne pas trop ressembler aux grenouilles qui demandent un roi. » Aussitôt il envoya sa démission. C'en était assez sans doute pour le rendre suspect au nouveau gouvernement; ses liaisons avec les mécontents achevèrent de le signaler comme un homme dangereux. Impliqué en 1808 dans une conspiration qui devait renverser Bonaparte, il ne put être condamné faute de preuves, mais n'en fut pas moins enfermé à la Force. Ce fut là qu'il connut le général Lahory, ancien chef d'état-major de Moreau, incarcéré comme lui par mesure de sûreté. Loin de renoncer à ses dispositions hostiles contre le gouvernement, Malet ne songea désormais qu'à l'attaquer. Il médita et combine ses plans pendant quatre années. Transféré dans une maison de santé, il se voit gardé moins rigoureusement; les moyens d'évasion lui sont faciles. Enfin l'automne de 1812 lui paraît favorable à l'exécution d'un projet qui n'a point de modèle dans l'histoire. Depuis huit années Napoléon était sur le trône; une longue suite de victoires éclatantes, son mariage avec une princesse autrichienne, la naissance d'un fils, avaient affermi et comme légitimé son pouvoir; il marchait avec de nombreuses armées à des conquêtes lointaines; ses étendards flottaient sur Moscou réduite en cendres; « C'était le nouveau Charlemagne, comme on disait alors, le fondateur d'une « quatrième dynastie, qui empire avait des fondements plus solides que l'ai« rain de la colonne..... » Un homme sans crédit, sans secours, prisonnier, forme le dessein de le renverser. Malet avait étudié profondément le gouvernement impérial; il avait calculé toutes les conséquences de ce système, dont une seule main dirigeait tous les ressorts, il savait où frapper ce colosse sans base, qui n'avait de vie que dans la tête. Le bruit de la mort de l'empereur subitement répandu, doit lui livrer les rênes du pouvoir; on se soumettra par habitude, sans s'inquiéter d'où viennent les ordres; le sénat servile, les administrateurs civils et militaires, si bien façonnés à l'obéissance passive, lui seront des auxiliaires assurés. Soit crainte de la trahison, soit désir de ne point partager la gloire de son entreprise, il n'en confie le secret à personne. Un prêtre espagnol à qui il persuade qu'il veut tirer Ferdinand VII de prison, un caporal qui lui sert de secrétaire sans comprendre ce qu'il écrit, voilà ses complices, pour mieux dire, ses instruments. Des proclamations, de faux sénatus-consultes sont rédigés, des instructions particulières préparées, un gouvernement provisoire nommé : enfin, tout est prêt. Dans la nuit du 22 au 23 octobre, Malet s'échappe en escaladant le mur du jardin, trouve chez le prêtre espagnol deux uniformes et deux chevaux pour lui et le caporal Rateau, dont il fait son aide-de-camp. Puis se rendant à la caserne voisine, il annonce au nom du sénat la mort de l'empereur, l'abolition du gouvernement impérial, promet double paie aux troupes, et se proclame lui-même commandant de la place de Paris. On le croit, on prend ses ordres, et déjà un régiment de ligne et une cohorte de garde nationale sont à sa disposition. Il distribue les rôles, et assigne les postes aux officiers; il envoie le chef de bataillon Soulier, avec deux compagnies, s'emparer de l'hôtel-de-ville, et y préparer une salle pour les séances du gouvernement provisoire; lui-même rend la liberté aux prisonniers d'état, envahit l'hôtel de la police, conduit à la Force le ministre Rovigo tout tremblant, et installe Lahory à sa place; les autres membres du ministère lui semblent trop peu redoutables pour s'en occuper. Restait le général Hullin, commandant de Paris, dont il s'était attribué le titre et les fonctions. Il se dirige sur son hôtel, place des soldats à la porte, monte seul près du général, et lui casse la mâchoire d'un coup de pistolet. Déjà après s'être emparé du sceau et des papiers de la division militaire il s'était rendu à l'état-major de la place, près du général Doucet, quand l'adjudant-général Laborde, entrant avec quelques gendarmes par un escalier dérobé, le saisit par derrière, le renverse, et le fait garrotter. On le montre alors aux soldats, on leur apprend que l'empereur n'est pas mort, que Malet les a trompés, et bientôt ils conduisent en prison celui qu'ils avaient suivi comme leur chef. Son pouvoir n'avait duré que quelques instants, dit un spirituel écrivain, mais comme il avait su l'employer! Dès sept heures, maître d'une force imposante, des postes et des emplois les plus importants, il avait séduit ou vaincu tout ce qu'il fallait vaincre ou séduire. Encore quelques heures, et des proclamations partaient pour les départements; la France, rassasiée de gloire et de conquêtes, était lasse du despotisme de l'empereur; on se fût trop compromis pour oser reculer, et peut-être Malet faisait seul ce que tous les souverains de l'Europe n'ont pu faire qu'avec un million de soldats et le secours des trahisons de l'intérieur... La fermeté d'un officier obscur a mis obstacle. On arrêta aussitôt tous ceux que Malet s'était adjoints comme acteurs dans cette affaire. Chacun reprit son poste, rentra dans l'ordre; les habitants de Paris apprirent en s'éveillant qu'ils avaient failli retourner, pendant leur sommeil, de l'empire à la république. Mais les ministres de Bonaparte songèrent à la terrible responsabilité qu'il ferait peser sur leurs têtes. Ils se crurent obligés de verser beaucoup de sang pour faire preuve de zèle et se laver de tout reproche; il fallait que l'empereur apprît en même temps le crime et le supplice. Le lendemain, une commission militaire est nommée; vingt-quatre individus sont mis en jugement; l'instruction du procès dura trois jours et trois nuits. Malet montra toujours le plus grand calme. Interrogé sur ses moyens de défense, « Un homme, répondit-il, qui s'est constitué le vengeur des droits de son pays n'a pas besoin de défense; il triomphe ou meurt. » Il fut condamné à mort avec treize autres, dont tout le crime était d'avoir cru à la mort de l'empereur, comme le ministre de la police et le préfet de la Seine. Le 27, les condamnés furent conduits à la plaine de Grenelle pour être fusillés. Malet commanda le feu; il échappa seul à la première décharge; à la seconde il tomba blessé, les soldats l'achevèrent à coups de baïonnettes. Le 28, les journaux, asservis par la censure, déclamaient contre *les brigands qui avaient tenté de substituer l'anarchie à l'autorité légitime*, proclamaient les bienfaits et la gloire du gouvernement impérial, exaltaient la vigilance de la police. Les Parisiens plaignirent les condamnés, et poursuivirent de sarcasmes le général blessé et le ministre emprisonné. Bientôt les événements désastreux de la campagne de Russie firent oublier Malet et sa conspiration. L'histoire l'a recueillie comme une grande leçon pour les gouvernements despotiques, et un témoignage de ce que peuvent le génie, l'audace et l'habileté d'un seul homme. E. B.

Imprimerie de E. Pochard, rue du Pot-de-Fer, n. 14, à Paris.

ROYAUME DE NAPLES.

MASANIELLO.

Né le........1622, mort le 16 juillet 1647.

XVIIᵉ SIÈCLE.

CAPITAINE GÉNÉRAL.

SYNCHRONISMES.

TITRES HISTORIQUES.

Philippe IV, roi d'Espagne. — Disgrâce d'Olivarès. — Insurrection de Palerme. Insurrection en Suisse. Révolution de Portugal. — Dynastie de Bragance. Révolution d'Angleterre. — Cromwell. Minorité de Louis XIV. — Premières querelles du Jansénisme en France. Fin de la guerre de Trente-Ans. — Traité de Westphalie. Christine, reine de Suède. — Descartes, Grotius, Pufendorf. Christian IV, roi de Danemarck. Reconnaissance de l'indépendance des Provinces-Unies. Premières incursions des Russes au Kamtschatka, sous le règne d'Alexis, fils de Michel Romanow. Invasion des Mantchous en Chine. — Chun-Tchi monte sur le trône.

Insurrection de Naples. Amour de la liberté. Patriotisme ardent. Haine contre la noblesse. Puissance dictatoriale. Éloquence naturelle. Désintéressement rare. Justice sanguinaire. Délire inexplicable. Mort tragique. — Regrets du peuple.

NOTICE.

Depuis long-temps le royaume de Naples, torturé par les vice-rois espagnols, était en proie aux plus affreuses calamités, lorsque le duc d'Arcos osa mettre une taxe sur les fruits, qui formaient presque la seule nourriture du peuple napolitain. On s'indigne ; on réclame l'abolition du nouvel impôt ; l'exemple des habitants de Palerme enhardit les mécontens, et, trois fois reconstruit, le bureau des gabelles est trois fois livré au feu par la populace. La révolte n'attendait plus qu'un chef ; il ne tarda pas à se présenter. La femme d'un pêcheur, qui ne pouvait payer les droits, fut traînée en prison ; son mari implore, en vain, les collecteurs ; désespéré, il vend tout ce qu'il possède, et vient délivrer sa femme. Masaniello, car c'était lui, ne songea plus dès lors qu'à se venger ; on le voyait parcourir les rues de Naples, répétant à voix basse : « Plus d'impôts ! plus d'impôts ! » fomentant ainsi des troubles dont il ne prévoyait sans doute ni l'explosion ni l'issue. Le 7 juillet 1647, Masaniello, à la tête d'un groupe de jeunes gens, attendait son beau-frère sur la place du marché. Fortuite ou préméditée, une dispute s'élève entre ce dernier et un acheteur, pour savoir qui des deux doit payer l'impôt ; l'*Eletto* prononce contre le vendeur ; le peuple murmure ; mais Masaniello : « Plus d'impôts ! » et, ramassant quelques fruits, il les jette à la tête du collecteur ; son exemple est bientôt suivi par la foule ; des pierres sont lancées, le bureau des gabelles est encore une fois la proie des flammes. Masaniello harangue la multitude, et déjà dix mille hommes se précipitent sur ses pas, aux cris de vive Philippe IV ! Meure le mauvais gouvernement ! Ils brisent les portes des prisons, brûlent tous les bâtimens des douanes ; ils arrivent sous les fenêtres du vice-roi. Celui-ci fait quelques promesses vagues, repoussées avec dédain ; son palais envahi est saccagé par cette troupe furieuse, qui le poursuit jusque dans un couvent. Là paraît le vénérable cardinal Filomarini ; il croit pouvoir séduire un pauvre pêcheur, et se voit forcé d'admirer son désintéressement. De nouvelles concessions trouvent de nouvelles exigences, et pendant que le duc d'Arcos délibère, Masaniello est proclamé capitaine général. Le lendemain, les paysans, les femmes mêmes, faisaient adjoindre Genuino, Arpaya et Perrone ; et, de concert avec eux, il dévouait aux flammes soixante maisons, défendait le pillage, et diminuait le prix du pain. Le vice-roi voulut encore traiter. Le capitaine général demanda la suppression des nouveaux impôts, l'égalité des voix dans le conseil de la ville, et l'original des privilèges de Charles V. Le duc ne pouvait se résoudre à s'en dessaisir ; une copie inexacte faillit coûter la vie au duc de Matalone, puis au prieur de la Roccella ; et le peuple prit les armes pour soutenir *la cause du roi et de la liberté*. Le 9, la tour Saint-Laurent fut enlevée d'assaut, et le tocsin rassembla les révoltés autour du cardinal, pour négocier enfin, avec les conditions du vice-roi, l'original tant désiré. Il était question de grâce et de pardon ; c'en fut assez, et l'on se retira sans rien conclure. Le jour suivant, Masaniello négociait encore avec le cardinal ; une décharge de mousqueterie l'effleure sans l'atteindre ; la foule se précipite, deux cents *banditi* sont aussitôt massacrés, et Perrone, leur chef, avoue dans les tortures sa complicité avec Matalone et J. Caraffa, qui bientôt partagent son sort. Ce forfait

rendit Masaniello plus cher au peuple et plus terrible pour la noblesse. Dès lors il règne en maître absolu ; ne prenant ni repos ni nourriture, debout sur un échafaud, les pieds et les bras nus, coiffé d'un bonnet de pêcheur, l'épée à la main, il donne des ordres, reçoit des pétitions, rend une justice sanglante, celle d'un peuple long-temps opprimé ; il prononce, et cent mille hommes exécutent ses arrêts. Enfin, après bien des conférences, où Masaniello discutait avec une sagesse et une présence d'esprit incroyables, le vice-roi céda sur tous les points. Le peuple fut convoqué dans l'église des Carmes ; Masaniello y vint, vêtu d'un habit de drap d'argent, que l'archevêque l'avait eu quelque sorte forcé de prendre. Les capitulations furent lues et accueillies avec enthousiasme ; il ne s'agissait plus que de reporter au château le document du consentement du peuple. Masaniello, invité de s'y rendre à plusieurs reprises, surmonte enfin sa répugnance, et s'achemine au milieu d'un nombreux cortège. Avant d'arriver, il rend compte aux Napolitains de sa conduite, leur adresse quelques sages conseils, et leur fait jurer de mettre la ville à feu et à sang, s'il tarde à reparaître. Il entre ; le vice-roi l'embrasse, le traite d'*illustrissime*, et lui confirme le titre de capitaine général. Cependant, la foule, inquiète, commençait à s'agiter ; Masaniello se montre, et d'un signe il impose silence à des milliers d'hommes. Le 13, le vice-roi fut solennellement fait capitaine général. Depuis ce temps, soit que tant de veilles et de jeûnes, tant de meurtres et tant d'honneurs eussent usé, en huit jours, toutes les facultés de cet homme, soit que le poison des Espagnols eût devancé leur poignard, Masaniello ne fut plus le même. Voulant tour à tour quitter et ressaisir ce pouvoir qui lui échappe, il demande de l'or, des gardes, des palais ; il ordonne le pillage et fait mourir ceux qui lui obéissent ; il parcourt les rues, l'épée à la main, envoyant en prison ou sur l'échafaud ses plus zélés partisans ; il délivre les prisonniers, et les supplie de prier pour lui enfin, il menace d'incendier la ville. Le cardinal, jusque-là l'objet de sa vénération, n'a plus d'empire sur lui ; le peuple se plaint de son chef ; Arpaya et Genuino traitent avec ses ennemis du prix de sa tête. La fête de Notre-Dame-des-Carmes arriva enfin ; une foule immense remplissait le temple ; Masaniello s'élance dans la chaire, rappelle aux Napolitains ce qu'il a fait pour eux, leur reproche leur ingratitude ; on pleure. Tout à coup son œil devient furieux ; il blasphème ; il arrache ses vêtemens ; on l'entraîne. Cependant Masaniello rentrait retentir son nom ; il accourt : « Mes amis, me voici... » On lui répondit par quatre coups de mousquet. *Ingrati i proditori !* s'écria-t-il, et il expira. Son cadavre fut jeté au peuple, qui le traîna dans la boue, en criant : Mort à Masaniello ! Le lendemain, le vice-roi faisait chanter un *Te Deum*, promettait l'exécution de la foi jurée, et augmentait le prix du pain. Naples vit trop tard ce qu'elle avait perdu. Les restes de Masaniello, recherchés avec soin, furent pompeusement inhumés, et l'on entendit prononcer ces mots : « Bienheureux Masaniello, priez pour nous ! » Le duc d'Arcos feignit une vive douleur ; huit de ses pages suivirent en grand deuil les funérailles de sa victime. Ainsi finit Masaniello ; son nom, moins connu que digne de l'être, est toujours cher aux Napolitains, qui répètent encore quelquefois : *Tutti Masanielli non sono morti !*

C. H.

Imprimerie de J. PINARD, rue d'Anjou-Dauphine, n. 8, à Paris.

ROYAUME DE NAPLES.

XVIIᵉ SIÈCLE.

MASANIELLO.

CAPITAINE-GÉNÉRAL.

SYNCHRONISMES.

Né le............ 1622. — Mort le 16 juillet 1647.

TITRES HISTORIQUES.

Philippe IV, roi d'Espagne. — Disgrâce d'Olivarès. — Insurrection de Palerme.
Insurrection en Suisse.
Révolution de Portugal. — Dynastie de Bragance.
Révolution d'Angleterre. — Cromwell.
Minorité de Louis XIV. — Premières querelles du Jansénisme en France.
Fin de la guerre de Trente ans. — Traité de Westphalie.
Christine, reine de Suède. — Descartes, Grotius, Pufendorf.
Christian IV, roi de Danemarck.
Reconnaissance de l'indépendance des Provinces-Unies.
Premières incursions des Russes au Kamtschatka, sous le règne d'Alexis, fils de Michel Romanow.
Invasion des Mantchoux en Chine. — Chun-Tchi monte sur le trône.

Insurrection de Naples.
Amour de la liberté.
Patriotisme ardent.
Haine contre la noblesse.
Puissance dictatoriale.
Éloquence naturelle.
Désintéressement rare.
Justice sanguinaire.
Délire inexplicable.
Mort tragique. — Regrets du peuple.

NOTICE.

Depuis long-temps le royaume de Naples, torturé par les vice-rois espagnols, était en proie aux plus affreuses calamités, lorsque le duc d'Arcos osa mettre une taxe sur les fruits, qui forment presque la seule nourriture du peuple napolitain. On s'indigne; on réclame l'abolition du nouvel impôt; l'exemple des habitans de Palerme enhardit les mécontens, et, trois fois reconstruit, le bureau des gabelles est trois fois livré au feu par la populace. La révolte n'attendait plus qu'un chef; il ne tarda pas à se présenter. La femme d'un pêcheur, qui ne pouvait payer les droits, fut traînée en prison; son mari implore, mais en vain, les collecteurs; désespéré, il vend tout ce qu'il possède, et vient délivrer sa femme. Masaniello, car c'était lui, ne songea plus dès-lors qu'à se venger : on le voyait parcourir les rues de Naples, répétant à voix basse : *Plus d'impôts! plus d'impôts!* fomentant ainsi des troubles dont il ne prévoyait sans doute ni l'explosion ni l'issue. Le 7 juillet 1647, Masaniello, à la tête d'une troupe de jeunes gens, attendait son beau-frère sur la place du marché. Fortuite ou préméditée, une dispute s'élève entre ce dernier et un acheteur, pour savoir qui des deux doit payer l'impôt; l'*Eletto* prononce contre le vendeur; le peuple murmure; mais Masaniello s'écrie : *Plus d'impôts! plus d'impôts!* et, ramassant quelques fruits, il les jette à la tête du collecteur; son exemple est bientôt suivi par la foule; des pierres sont lancées, le bureau des gabelles est encore une fois la proie des flammes. Masaniello harangue la multitude, et déjà dix mille hommes se précipitent sur ses pas, aux cris de *Vive Philippe IV! Meure le mauvais gouvernement!* Ils brisent les portes des prisons, brûlent tous les bâtimens des douanes; ils arrivent sous les fenêtres du vice-roi. Celui-ci fait quelques promesses vagues, repoussées avec dédain; son palais envahi est saccagé par cette troupe furieuse, qui le poursuit jusque dans un couvent. Là paraît le vénérable cardinal Filomarini; il croit pouvoir séduire un pauvre pêcheur, et se voit forcé d'admirer son désintéressement. De nouvelles concessions trouvent de nouvelles exigences, et pendant que le duc d'Arcos délibère, Masaniello est proclamé capitaine-général. Le lendemain, les paysans, les femmes mêmes, étaient venus se joindre aux révoltés; cinq cents Allemands, qui arrivaient au secours des Espagnols, furent désarmés en un instant. En même temps, Masaniello se faisait adjoindre Genuino, Arpaya et Perrone; et, de concert avec eux, il dévouait aux flammes soixante maisons, défendait le pillage, et diminuait le prix du pain. Le vice-roi voulut encore traiter. Le capitaine-général demanda la suppression des nouveaux impôts, l'égalité des votes dans le conseil de la ville, et l'original des priviléges de Charles V. Le duc ne pouvait se résoudre à s'en dessaisir; une copie inexacte faillit coûter la vie au duc de Matalone, puis au prieur de la Roccella; le peuple prit les armes pour soutenir *la cause du roi et de la liberté*. Le 9, la tour Saint-Laurent fut enlevée d'assaut, le tocsin rassembla les révoltés autour du cardinal, qui apportait enfin, avec les conditions du vice-roi, l'original tant désiré. Il était question de grâce et de pardon : c'en fut assez, et l'on se retira sans rien conclure. Le jour suivant, Masaniello négociait encore avec le cardinal; une décharge de mousqueterie l'effleure sans l'atteindre : la foule se précipite, deux cents *banditi* sont aussitôt massacrés, et Perrone, leur chef, avoue dans les tortures sa complicité avec Matalone et J. Caraffa, qui bientôt partagent son sort. Ce forfait rendit Masaniello plus cher au peuple et plus terrible pour la noblesse. Dès-lors il règne en maître absolu; il ne prenant ni repos ni nourriture, debout sur un échafaud, les pieds et les bras nus, coiffé d'un bonnet de pêcheur, l'épée à la main, il donne des ordres, reçoit des pétitions, rend une justice sanglante, celle d'un peuple long-temps opprimé; il prononce, et cent mille hommes exécutent ses arrêts. Enfin, après bien des conférences, où Masaniello discutait avec une sagesse et une présence d'esprit incroyables, le vice-roi céda sur tous les points. Le peuple fut convoqué dans l'église des Carmes; Masaniello y vint, vêtu d'un habit de drap d'argent, que l'archevêque l'avait en quelque sorte forcé de prendre. Les capitulations furent lues et accueillies avec enthousiasme; il ne s'agissait plus que de reporter au château le consentement du peuple. Masaniello, invité de s'y rendre à plusieurs reprises, surmonte enfin sa répugnance, et s'achemine au milieu d'un nombreux cortège. Avant d'arriver, il rend compte aux Napolitains de sa conduite, leur adresse quelques sages conseils, et leur fait jurer de mettre la ville à feu et à sang s'il tarde à reparaître. Il entre; le vice-roi l'embrasse, le traite d'*illustrissime*, et lui confirme les titres de capitaine-général. Cependant la foule, inquiète, commençait à s'agiter; Masaniello se montre, et d'un signe il impose silence à des milliers d'hommes. Le 13, le vice-roi jura solennellement les capitulations. Depuis ce temps, soit que tant de veilles et de jeûnes, tant de meurtres et tant d'honneurs, eussent usé, en huit jours, toutes les facultés de son âme, soit que le poison des Espagnols eût devancé leur poignard, Masaniello ne fut plus le même. Voulant tour-à-tour quitter et ressaisir ce pouvoir qui lui échappe, il demande de l'or, des gardes, des palais; il ordonne le pillage et fait mourir ceux qui lui obéissent; il parcourt les rues, l'épée à la main, envoyant en prison ou sur l'échafaud ses plus zélés partisans; il délivre les prisonniers, et les supplie de prier pour lui; enfin, il menace d'incendier la ville. Le cardinal, jusque-là l'objet de sa vénération, n'a plus d'empire sur lui; le peuple se plaint de son chef; Arpaya et Genuino traitent avec ses ennemis du prix de sa tête. La fête de Notre-Dame-des-Carmes arriva enfin; une foule immense remplissait le temple; Masaniello s'élance dans la chaire, rappelle aux Napolitains ce qu'il a fait pour eux, leur reproche leur ingratitude; on pleure. Tout-à-coup son œil devient furieux; il blasphème; il arrache ses vêtemens, on l'entraîne. Cependant l'infortuné entend retentir son nom; il accourt : *Mes amis, me voici*.... On lui répondit par quatre coups de mousquet. *Ingrati! proditori!* s'écria-t-il, et il expira. Son cadavre fut jeté au peuple qui le traîna dans la boue, en criant : *Mort à Masaniello!* Le lendemain, le vice-roi faisait chanter un *Te Deum*, promettait l'exécution de la foi jurée, et augmentait le prix du pain. Naples vit trop tard ce qu'elle avait perdu. Les restes de Masaniello, recherchés avec soin, furent pompeusement inhumés, et l'on entendit prononcer ces mots : *Bienheureux Masaniello, priez pour nous!* Le duc d'Arcos feignit une vive douleur; huit de ses pages suivirent en grand deuil les funérailles de sa victime. Ainsi finit Masaniello; son nom, moins connu que digne de l'être, est et sera toujours cher aux Napolitains, qui répètent encore quelquefois : *Tutti Masaniello non sono morti!*

C. H.

IMPRIMERIE DE SELLIGUE, RUE DES JEUNEURS, N. 14.

FRANCE.

MONTESQUIEU.

XVIIIᵉ SIÈCLE.

AUTEUR.

SYNCHRONISMES.

Né le 18 janvier 1689. — Mort le 10 février 1755.

TITRES HISTORIQUES.

1715. Accroissement de l'influence des gens de lettres sur l'opinion publique. Révolutions successives dans les esprits.
Discussions sur la révélation. Shaftesbury, Clarke, Locke, Newton, Wolston, Collins, Toland, Addisson, Steele.
Les incrédules. Bolingbroke, Voltaire, Pope, Swift.
Ministère de Fleury. 1723.
L'inoculation appuyée par Voltaire.
Détermination de la figure de la terre, par Clairaut, Maupertuis, Lacondamine, Camus, Lemonnier, Bouguer, Godin.
Machault et d'Argenson favorisent l'esprit philosophique.
L'Encyclopédie. Voltaire, Rousseau, d'Alembert, Diderot, Condillac, Lamettrie, d'Argens, le curé Meslier, l'abbé de Prades, le baron d'Holback, Grimm, Helvétius, Fontenelle.
Progrès des sciences. Tournefort, Buffon, Cassini.
Romans de Voltaire, de Lesage, de l'abbé Prévost.
Progrès de l'art dramatique. Crébillon, Campistron, Piron, Gresset, Destouches, La Chaussée, Marivaux, Panard.

Le genre humain avait perdu ses titres; Montesquieu les a retrouvés et les lui a rendus.
           VOLTAIRE.

L'Esprit des Lois, 1748.

Les Considérations sur les causes de la grandeur et de la décadence des Romains (1734).

Les Lettres Persanes (1721).

Fragments sur le goût.

Pensées diverses.

Le Temple de Gnide.

Arsace et Isménie.

Vie du maréchal de Berwick.

Eloge du duc de la Force et discours académiques.

Réforme de l'Académie des sciences de Bordeaux.

Vertus publiques et privées.

NOTICE.

Charles de SECONDAT, baron de la Brède et de Montesquieu, né au château de la Brède, y passa les premières années de sa jeunesse. Il se fit remarquer de très-bonne heure par cet esprit vif, profond et sévèrement critique, dont les vastes conceptions devaient un jour amener tant de réformes dans les mœurs, dans les gouvernements, et fixer l'attention du monde entier. Montesquieu fut un enfant de génie avant d'être un homme de génie. Destiné par son père à la magistrature, il avait fait, à vingt ans, un extrait méthodique et de toutes les matières du droit civil chez les différentes nations. Cependant Tacite, Plutarque, Cicéron, Aristote, Platon et Socrate, l'arrachaient bien souvent à ces recherches arides sur la jurisprudence, et il se passionnait tellement pour ces grands hommes, qu'il croyait quelquefois discuter avec eux sous le Portique. Le travail était pour lui un plaisir, et il disait n'avoir jamais eu de chagrins qu'une heure de lecture n'eût entièrement dissipés. Il voulut étudier long-temps la société avant de prétendre a l'instruire. Il était, depuis deux ans, conseiller au parlement, lorsqu'il succéda à son oncle, président à mortier au parlement de Bordeaux, 1716. Chargé, en 1722, de présenter des remontrances à l'occasion d'un impôt sur le vin, il le fit avec un talent remarquable, en montrant cependant qu'une juste justice flatteur. Ce fut lui qui fonda, pour ainsi dire, l'académie des sciences de Bordeaux, où il avait été reçu en 1716. Pour y faire opérer des travaux utiles, et comme si son génie l'eût appelé à tout, il composa des mémoires analytiques sur la physique et l'histoire naturelle; mais, l'extrême faiblesse de sa vue lui rendant toute expérience impossible, il revint bientôt à l'étude des sciences morales, et s'y livra tout entier. En 1721, il se résolut enfin à publier ses Lettres persanes. Il avait trente-deux ans; mûri par des études qui auraient rempli toute la vie d'un homme ordinaire, il portait presque autant de jugements sains qu'il concevait d'idées, et il n'avait encore rien publié! Aussi son apparition sur la scène littéraire produisit-elle un éclat prodigieux! Cependant il avait gardé l'anonyme, et, au lieu d'attribuer son succès au seul mérite de son ouvrage, il en fut obligé d'en conclure que son talent était moins avancé encore qu'il ne l'avait imaginé. Cette pensée lui échappait lorsqu'il racontait, en souriant, que les libraires allaient tirer tous les auteurs par la manche, et leur dire : « Monsieur, faites-nous de ces lettres persanes. » Quatre ans après, parut le Temple de Gnide, bagatelle ingénieuse que Montesquieu composa pour distraire la société de mademoiselle de Clermont, et qu'il désavoua constamment, sans doute à cause de ce titre de magistrat dont l'étiquette pesait lui pesait depuis long-temps. Il ne tarda pas à s'en affranchir, et, peu de temps après avoir prononcé à son parlement un discours sur les devoirs imposés aux magistrats, il vendit sa charge. A la mort de M. de Sacy, il fut reçu à l'académie française, malgré les intrigues du ministre Fleury qui n'osait lire, disait-il, les Lettres persanes, parce qu'elles étaient tachées d'impiété. Devenu libre, Montesquieu se mit à voyager pour étudier les hommes. A Vienne, il vit le prince Eugène; à Venise, il questionna le fameux Law; à Rome, il admira les ruines et les chefs-d'œuvre du Titien, de Raphaël et de Michel-Ange; à Londres, il reçut les hommages de la fameuse reine Caroline, de tous les grands hommes de l'époque, fut nommé membre de la société royale; et enfin il rapporta dans sa patrie cette ingénieuse observation : que l'Allemagne est faite pour y voyager, l'Italie pour y séjourner, l'Angleterre pour y penser, la France pour y vivre. De tout autre, on eût dit que c'était le spirituel résultat de ses voyages; de Montesquieu, on attendait plus, et on ne se trompa point. Après deux ans de retraite, il publia ses Considérations sur les causes de la grandeur et de la décadence des Romains, ouvrage sublime, où il sut, sans imiter personne, sans cesser d'être lui-même et de se livrer à son inspiration, réunir toutes les beautés qu'avant lui on avait admirées éparses dans les historiens les plus éloquents et les plus énergiques. Sévère comme Tacite, savant et ingénieux comme Polybe, penseur profond comme Machiavel, imposant et harmonieux comme Bossuet, immense comme le génie, il réchauffe les cendres de Rome, et avec ses ruines il la reconstruit tout entière aux yeux de l'imagination : anatomiste moral, il rend le tact à un cadavre, à force d'en découvrir tous les ressorts vitaux. Montesquieu crut cependant n'avoir encore élevé que le portique; il acheva le monument de son immortalité : l'Esprit des lois (1748) et se répandit aussitôt chez tous les peuples, car l'auteur avait médité pour le monde entier. Dans cette longue suite de considérations, Montesquieu est toujours facile, harmonieux, profond; s'il fait quelquefois, comme le dit Voltaire, de l'esprit sur les lois, c'est pour se jouer une foule d'objections futiles que dédaigne sa pensée. Le plus juste reproche qu'on puisse lui faire est celui du défaut de suite et de méthode, et qui provient d'un certain décousu qui en rend la lecture plus difficile; mais c'est peut-être où l'on a tendu Montesquieu : à force d'esprit et d'éloquence, il séduit le lecteur; à force de raison et de profondeur, il enchaîne la réflexion. L'Esprit des lois, admiré jusqu'à l'enthousiasme en Angleterre, fut traduit dans toutes les langues, prohibé en Autriche, et parvint, en dix-huit mois, à sa 22ᵉ édition; aussi avait-il trouvé des réfutateurs énergiques, même parmi les amis de l'auteur! Bientôt, ce qui ne devait pas manquer au succès de l'Esprit des lois, une foule de libelles et de pamphlets parut contre cette étonnante production. Presque toujours insensible aux critiques, Montesquieu ne le fut pas au reproche d'irréligion : il publia la Défense de son livre, nouveau chef-d'œuvre dans un autre genre, et toujours marqué au coin de la supériorité. Mais il dédaigna les satires ténébreuses, les sarcasmes grossiers de la multitude et des coteries; car il avait tout affronté par la seule épigraphe de l'Esprit des lois : Prolem sine matre creatam (production sans mère), et il savait d'ailleurs que les Français n'étaient pas encore assez mûrs pour le bien apprécier. Tant de misérables tracasseries l'affectèrent cependant et le forcèrent à se replier sur lui-même. Retiré à son château, il dépérit sous le poids des plus tristes réflexions, et succomba, peu d'années après, à la violence d'une fièvre inflammatoire. Une seule pensée, échappée aux derniers efforts de son âme, décèle assez l'objet de toutes celles qui l'avaient accablé pendant ses dernières années. Après lui avoir administré le viatique, son confesseur lui adressa quelques réflexions, et lui dit : « Monsieur, vous comprenez combien Dieu est grand! » — Oui, reprit-il, et combien les hommes sont petits! » Montesquieu a laissé un grand nombre de manuscrits : nous n'avons pu parler des Pensées diverses, des Fragments sur le goût, d'Arsace et Isménie, et de plusieurs discours académiques assez remarquables. L'espace nous manque pour dire ses mœurs irréprochables, ses vertus et sa bienfaisance.

          M. C.

FRANCE.

XVIIIᵉ ET XIXᵉ SIÈCLE.

NEY.

MARÉCHAL.

SYNCHRONISMES.

Né le 10 janvier 1769. — Mort le 7 décembre 1815.

TITRES HISTORIQUES.

Dernier soulèvement de la Pologne par Kosciuszko.

Le général Russe Souwaroff.

Expédition d'Égypte. — Les généraux Kléber et Desaix. — Mort de Kléber.

Mort de Desaix.

Arrestation et mort de Pichegru. — Exécution du duc d'Enghien.

Mort de Lannes.

Joachim-Murat devient roi de Naples (1806).

Charles XIII déclare Bernadotte prince royal et héréditaire (1810).

République de Vénézuela. — Bolivar.

Premières campagnes de la révolution. — Batailles de Nerwinde, de Louvain, de Valenciennes, etc. — Prise de Forsheim et de Manheim.

Guerre de 1799. — Bataille décisive de Hohenlinden.

Confédération du Rhin.

Campagne de 1804. — Assaut d'Elchingen, prise d'Ulm et d'Inspruck. — Bataille de Guttestad; journée de Friedland.

Guerre d'Espagne et de Portugal. — Prise de Madrid, de Lisbonne. — Retraite glorieuse.

Campagnes de Russie et de Saxe. — Prise de Smolensk, bataille de la Moskowa, de Krasnoë, passage de la Bérézina. — Combat de Lutzen, de Bautzen, de Dresde. — Retraite habile.

Défection en faveur de Napoléon.

Bataille de Waterloo.

Refus de décliner la qualité de Français. — Mort héroïque.

NOTICE.

MICHEL NEY, prince de la Moscowa, duc d'Elchingen, maréchal et pair de France, dut le jour à un tonnelier de Sarre-Louis, en Allemagne. A dix-huit ans, il s'engagea dans le régiment de *Colonel-général*, hussards (1787). Brigadier, maréchal-de-logis, adjudant-sous-officier en 1792, lieutenant en 1793, puis, aide-de-camp du général Lamarck, il se distingua aux batailles de Nerwinde, de Valenciennes, de Louvain, et obtint le grade de capitaine (1794). Kléber, qui reconnut en lui la bravoure et la sagacité d'un commandant d'exécution, le nomma chef d'escadron. En 1796, il passe à l'armée de Sambre-et-Meuse. Les journées d'Altenkirchen, de Diesdorf, de Mont-Thabor, préludent à la gloire dont il va se couvrir : le 26 juillet, avec 100 hommes, il fait 2,000 prisonniers à Wurtzbourg; le 28, à la tête de 400 cavaliers, il disperse un escadron ennemi plus fort du double; le 8 août, il force le passage de la Reydnitz, sous le feu de 14 pièces de canon, repousse l'ennemi jusqu'à Forsheim, et reçoit, sur le champ de bataille, le titre de général de brigade. L'année suivante, il commandait la cavalerie, sous les ordres de Hoche, au combat de Neuwied, où il décida la victoire. Bientôt après, fait prisonnier à Giessen, échangé par Hoche, et nommé général de division, il se rend à l'armée de Bernadotte (1797), où il marque son arrivée par la prise de Manheim, avec 150 soldats. En 1799, il quitte l'armée du Danube, dont il faisait partie, pour aller commander l'avant-garde de l'armée du Rhin. Après les journées de Lauffen et de Stuttgard, investi du commandement provisoire, il tient l'ennemi en échec tandis que Masséna remporte la victoire de Zurich (1800). La paix offerte par Bonaparte à son retour d'Égypte, venant d'être rejetée; Ney poursuivit ses exploits à l'armée du Rhin et détermina le succès de la bataille décisive de Hohenlinden, qui amena la paix de Lunéville (1802). Revenu à Paris, il épousa mademoiselle Auguié, dont la main lui était offerte par le premier consul. Peu de temps après, il reçut l'ordre de passer en Suisse pour apaiser les troubles qui venaient d'y éclater. Cette mission fut remplie avec tant de modération et d'habileté, qu'après le traité de médiation de 1803, les Suisses frappèrent une médaille en l'honneur de Ney. En 1804, Bonaparte, devenu empereur, lui conféra le titre de maréchal de l'empire, et le nomma grand officier de la légion-d'honneur. La guerre recommence avec l'Autriche : Ney traverse le Rhin, force le passage de Guensbourg, s'empare du château inexpugnable d'*Elchingen*, qui entraîne la prise d'Ulm; prend possession d'Inspruck, et achève de mettre en déroute les troupes de l'archiduc Jean, au moment où Napoléon signe la paix de Presbourg après la bataille d'Austerlitz (1805). Les batailles d'Iéna, d'Eylau, la journée mémorable de Guttestad, où Ney mérita le surnom de *brave des braves*; enfin la victoire de Friedland; tels furent les grands événements de la campagne de Prusse, qui se termina par la paix de Tilsitt (1807). Napoléon venait d'envahir l'Espagne. Ney traverse les Pyrénées (octobre 1808), relève l'armée française acculée derrière l'Èbre, marche sur Madrid contre Wellington, s'empare de la Galice, après qu'il est bientôt forcé de se replier sur les Asturies; défait le général Wilson à Banos, au même temps que Napoléon bat les Autrichiens à Wagram (1809). Il reçoit l'ordre d'entrer en Portugal sous le commandement en chef de Masséna, dont l'armée française y pénètre victorieuse jusqu'à Villa-Franca, dont la position avantageuse sauve l'ennemi. Alors s'opère sous les ordres de Ney, cette fameuse retraite où il déploie toute la profondeur de son génie militaire. La guerre de Russie se décide (1812); la campagne commence, et Ney vole encore à de nouveaux triomphes. Le combat de Liady, la prise de Smolensk, la bataille de la Moskowa, qui lui valut le titre de prince : la journée de Krasnoë, qui le sépara du reste de l'armée; son admirable retraite et son dévoûment au passage de la Bérézina, sont les nouveaux prodiges du *brave des braves*. Bientôt s'ouvre la campagne de Saxe. Ney, vainqueur à Lutzen, à Bautzen, à Dresde, est forcé de se replier sur Leipsick et de rentrer en France pour y disputer le terrain aux alliés, jusqu'à ce que l'armée française, épuisée par ses victoires, se trouve réduite à leur livrer Paris. Le maréchal ne se détacha de la cause impériale qu'après l'abdication de Fontainebleau (5 avril 1814). Napoléon part pour l'île d'Elbe; les Bourbons sont rappelés; Louis XVIII règle lui-même son pouvoir et les droits de son peuple; un an s'écoule......... Tout-à-coup on apprend que Napoléon est débarqué à Cannes; qu'il marche sur Paris avec une armée qui grossit à chaque pas; qu'il traîne à sa suite la population entière. Ney, retiré à la campagne, est rappelé à Paris. Il se rend aux Tuileries, baise la main du roi, lui jure une fidélité inviolable, et s'indigne contre l'empereur. Cependant, arrivé à Besançon pour prendre le commandement des troupes, il reçoit les nouvelles les plus désespérantes et envoie les ordres les plus pressans. Le 12, au soir, sa fidélité n'est point encore ébranlée. Le 13, à deux heures du matin, arrivent les émissaires de Napoléon. Une courte conférence où le nom de liberté fut prononcé, le salut de la patrie et l'espoir, déterminat la défection de Ney; deux heures après, la proclamation de l'empereur était lue à son armée. Il avait obtenu un congé, lorsqu'à la seconde invasion des alliés il reçut l'ordre de se rendre à Paris. Il se présente à l'empereur : « Je croyais, lui dit celui-ci, que vous aviez émigré. — J'aurais dû le faire beaucoup plus tôt, répondit le maréchal : maintenant il est trop tard. » Napoléon joue l'empire du monde à Waterloo; l'armée française, si long-temps couronnée par la victoire, s'immortalise par la plus glorieuse défaite; et Ney, au milieu de la vieille garde, est entraîné dans la retraite, avant d'avoir pu trouver la mort. Il arrive à Paris. Après la deuxième abdication, le gouvernement provisoire lui confie un commandement dans l'armée destinée à défendre la capitale. Le 3 juillet, on signe la capitulation de Paris. L'article 12 portait que personne ne pourrait être recherché pour sa conduite politique et pour les opinions qu'il aurait manifestées. Cependant Ney avait quitté Paris à l'arrivée du roi. Arrêté peu de temps après, il rejeta les moyens de s'évader et se laissa conduire à l'Abbaye. Son procès, d'abord confié à un conseil de guerre composé de maréchaux de France, fut renvoyé, sur sa demande, à la Chambre des Pairs, où, malgré les instances de ses avocats, MM. Berryer et Dupin, il ne voulut pas exciper de sa qualité d'étranger, seul moyen d'échapper à la condamnation de Pair. Son arrêt de mort fut prononcé à la majorité de 128 voix sur 161 votans. Lorsque M. Cauchy, chargé de lui lire la sentence fatale, en vint à l'énumération de ses titres : « Dites Michel Ney, s'écria-t-il, et bientôt un peu de poussière! » Le lendemain, il reçut les adieux de sa femme et de ses enfans, et, après avoir rempli ses devoirs de chrétien, il fut conduit au lieu de l'exécution, derrière le Luxembourg, neuf heures du matin. Comme on voulut lui bander les yeux : « Ignorez-vous, dit-il, que depuis 25 ans je sais regarder en face les balles et les boulets ? » Alors, ôtant son chapeau, et s'étant appuyé de toute l'autorité du tombeau : « Je déclare, s'écria-t-il, que je n'ai jamais été traître à ma patrie. Puisse ma mort ne pas lui être inutile! Vive la France! » Il pose la main sur son cœur, ordonne le feu, et tombe percé de six balles.

M. C.

IMPRIMERIE DE SELLIGUE, RUE DES JEUNEURS, N. 14.

FRANCE.

XVIIIe SIÈCLE.

PASCAL.

AUTEUR.

SYNCHRONISMES. Né le 19 juin 1623. — Mort le 19 août 1662. TITRES HISTORIQUES.

Hommes célèbres dans les sciences.—Bacon, Keppler, Harvey. — Découverte de la circulation du sang.

Hobbes. Traités de Grotius.

Galilée. Toricelli.

Fondation de l'Académie des Sciences. 1666.

Descartes, Huygens.

Mathématiciens célèb. Le P. Mersenne, Roberval, Wallis, Carcavi.

Jansénisme—Molina, Jansénius, A. Arnauld, Nicole, Duverger de Hauranne.

Solitaires de Port-Royal.

Progrès précoces et merveilleux dans les sciences exactes.

Machine arithmétique.

Expériences sur le vide.

Divers traités en latin, sur les sciences.

1656. Premières Provinciales.

Les Pensées.

Sublimité du génie. Vertus privées.

Perfection du style. Haute Éloquence.

NOTICE.

PASCAL (Blaise), qui a laissé un nom immortel dans les sciences et dans les lettres, dut beaucoup à l'étude, mais plus encore à lui-même. Son père avait quitté l'Auvergne et la première magistrature de cette province pour venir se consacrer à Paris à l'éducation de ses enfans. Profondément versé dans les sciences, il voulait cependant que son fils se livrât exclusivement à la culture des lettres, et il ne lui promettait l'étude des mathématiques que l'avenir que comme une récompense. Pascal les devina. A l'âge de 12 ans, aidé seulement de quelques définitions qu'il avait recueillies dans les entretiens de son père avec des savans, il alla jusqu'à la 32me proposition d'Euclide. Son père, étonné et fier d'un tel fils, ne gêna plus son goût, et à 16 ans Blaise avait publié un *Traité de Sections Coniques*, et à 17 ans il inventa la *Machine Arithmétique*. Quelques années plus tard, instruit des expériences de Toricelli sur le *vide*, et les renouvela lui-même en les perfectionnant. Ce fut la fameuse expérience du Puy-de-Dôme tentée par son beau-frère d'après ses instructions. Ainsi, à l'âge de 23 ans, il renversa cette vieille erreur, de l'*horreur de la nature pour le vide*, qui avait abusé Galilée lui-même. Descartes revendiqua pour lui l'honneur de cette découverte; mais il est aujourd'hui bien reconnu qu'elle appartient à Pascal seul. Ces fortes et laborieuses études avaient altéré la santé de Pascal déjà si frêle et si délicate. Il semble que la providence ait placé à dessein une ame si vigoureuse dans un corps débile pour ne pas effrayer par trop de génie notre faiblesse. Car on ne peut prévoir tout ce que Pascal aurait fait, s'il eût eu la santé et une plus longue vie. Il avait été jusqu'alors peu adonné au monde et à la société. Cependant en 1554, après le funeste accident du pont de Neuilly, il songea à se faire une solitude plus profonde. Il visita Port-Royal. Il y connut Lemaitre, Nicole, Sacy et cette famille des Arnauld si vertueuse et si persécutée. Quoique jeune encore, une solide amitié l'unit à ces hommes dont il partagea, il défendit les doctrines. A cette époque la querelle des jansénistes et des cinq propositions était dans toute sa force. Antoine Arnauld ayant publié un écrit où il prétendait avec raison que les cinq propositions n'avaient jamais existé dans Jansénius; le livre et les opinions qu'il contenait fut censuré par le pape et violemment attaqué par ses jésuites. Cette guerre donna naissance aux *Lettres provinciales*. La première parut sous le titre de *Lettre de Louis de Montalte à un provincial*. Elle fut successivement suivie de quinze autres, dans lesquelles Pascal, après avoir livré la Sorbonne et les jésuites aux tortures d'une ironie poignante et inexorable, les terrasse dans les dernières sous les coups redoublés d'une énergique colère et d'une vertueuse indignation, qui s'élève souvent jusqu'au sublime de l'éloquence. Pascal écrasait ses ennemis avec du génie. Les monumens de sa victoire sont restés un des plus beaux monumens de la langue française. C'est aussi un monument de liberté. Peu nous importent aujourd'hui ces controverses si stériles. Mais dans cette lutte opiniâtre de quelques esprits supérieurs, dans cette noble résistance de quelques solitaires contre toute la puissance de Louis XIV, uni à la Sorbonne et aux jésuites, il y avait déjà un sentiment de liberté, une revendication de l'indépendance de la pensée. La querelle des jansénistes! c'était une question de liberté de la presse; Pascal en fut le premier défenseur. Mais pour bien connaître tout entier le génie de Pascal il faut lire et étudier *ses Pensées*. Ce style vif, ingénieux, passionné des *Provinciales*, cette surabondance de gaîté et d'atticisme a disparu. On ne retrouve plus ce je ne sais quoi de véhément, d'impétueux. Toutes ses pensées sont d'un sublime sombre et triste. Dieu, l'homme, la révélation, la nature, les sciences, sont l'objet de ses éloquentes méditations. De philosophie arrêtée, il n'en a pas! tantôt il touche au doute de Montaigne, *il ne sait qui l'a mis au monde, ni qu'est le monde, ni que lui-même*; il joue le salut de son ame à *pile ou face*. Puis, cette ame ardente, tourmentée de cette dévorante incertitude, et sentant le besoin de quelque chose où elle puisse se prendre, se rejette violemment dans la foi chrétienne, où il voulait combattre tous les argumens du scepticisme, si souvent essayés sur lui-même. Les *Pensées* sont les restes de ce monument imparfait. Pascal succomba à 39 ans, après une vie affligée par de continuelles souffrances et honorée jusqu'à la fin par toutes les vertus. Pascal a été jugé en quelques lignes par un homme de génie, capable lui seul peut-être de comprendre Pascal tout entier. Nous ne pouvons nous refuser au plaisir de transcrire ce portrait. « Un homme s'est rencontré, qui, à 12 ans, avec des *barres* et des *ronds*, avait créé les mathématiques; qui, à 16, avait fait le plus savant traité qu'on eût vu depuis l'antiquité; qui, à 19, réduisit en machine une science qui existe tout entière dans l'entendement; qui, à 23, démontra les phénomènes de la pesanteur de l'air, et détruisit une des grandes erreurs de l'ancienne physique; qui, à cet âge où les autres hommes commencent à peine de naître, ayant achevé de parcourir le cercle des sciences humaines, s'aperçut de leur néant, et tourna ses pensées vers la religion; qui, depuis ce moment jusqu'à sa mort, toujours enfermé et souffrant, fixa la langue que parlèrent Bossuet et Racine, donna le modèle de la plus parfaite plaisanterie comme du raisonnement le plus fort; enfin, qui dans les courts intervalles de ses maux, résolut par abstraction un des plus hauts problèmes de géométrie, et jeta sur le papier des pensées qui tiennent autant du Dieu que de l'homme. Cet effrayant génie se nommait *Blaise Pascal*. »

F.-L. B.

ROME.

XIV° SIÈCLE. — **TRIBUN.**

RIENZI.

Né le .... — Mort le 8 Octobre 1354.

SYNCHRONISMES.

Philippe-le-Bel en France. — Condamnation des Templiers. — Bataille de Crécy.
Édouard III, roi d'Angleterre. — Ordre de la Jarretière. — Dévoûment d'Eustache de Saint-Pierre.
Robert Bruce en Écosse.
Guillaume-Tell.
Les Paléologues, empereurs grecs à Constantinople.
Orkan, premier sultan des Turcs. — Institution des janissaires.
Naissance de Tamerlan. — La Russie sous le joug des Mogols et des Tatars.
Alphonse XI, Pierre-le-Cruel, rois de Castille. — Guerre contre les mahométans du Maroc et de Grenade. — Benoît XII, Clément VI, Innocent VI, papes à Avignon. — Pierre de Corbière, anti-pape à Rome.
Marino Faliero, doge de Venise.
Boccanegra, doge de Gênes.
Le Dante, Pétrarque, Boccace.
Invention de la boussole, du papier de linge, des cartes à jouer et de la poudre à canon.

TITRES HISTORIQUES.

Grands talents oratoires. — Profonde érudition. — Éloquence vive et persuasive.

Amitié de Pétrarque.

Admiration du peuple, qui l'élève au pouvoir. — Établissement du *bon état*.

Déférence des grands de l'Europe à ses jugements et à ses lumières.

Abaissement des nobles.

Gouvernement despotique.

Profusions excessives.

Exécutions sanguinaires.

Condamnation de Montereale.

Impôts exorbitants.

Mort tragique.

NOTICE.

Rome, abandonnée par les papes et dépeuplée par la peste, était livrée à toutes les horreurs de l'anarchie; les antiques monuments, transformés en citadelles, prêtaient l'abri de leurs remparts à quelques barons qui, sortant la nuit de leurs retraites, portaient la terreur dans les campagnes, et souillaient du sang romain la pierre des tombeaux de leurs ancêtres, à la vue même des sacrés portiques où se vendaient les indulgences. Retiré sur les bords du Tibre, le fils d'un cabaretier et d'une lavandière du quartier de la Réole, nourrissait, à l'ombre de l'étude des lettres et de l'antiquité, le projet de venger ses compatriotes et de renverser cette redoutable oligarchie. Il puisait dans la lecture de Cicéron et de Tite-Live une connaissance approfondie des mœurs et des vertus de la république, qu'il aspirait à faire revivre. Digne héritier des Gracques, Nicolas Gabrino Rienzi possédait au plus haut degré l'art de gagner les hommes par le prestige de la parole. Le triomphe de Pétrarque avait séduit cette âme avide de toute espèce de gloire. Un tel homme ne pouvait rester long-temps ignoré. Les Romains le députèrent vers Clément VI, pour l'inviter à rétablir dans Rome le siège de la religion. Son éloquence hardie plut au pape, mais elle blessa le cardinal Colonna, qui le perdit dans l'esprit de Clément, et le futur tribun fut réduit à mendier son pain dans les rues d'Avignon. Rentré en grâce, il obtint le titre de notaire de la chambre apostolique, et sut se concilier dans cette nouvelle charge l'estime et l'amour des Romains, par un extérieur noble et imposant, par ses manières entraînantes et ses inspirations pleines d'un feu sacré. Quelquefois on le voyait errer sur les débris de Rome, et s'écrier dans son délire : « Où sont-ils donc les vieux Romains? Qu'est devenue toute leur « grandeur? Que n'ai-je vécu dans ces beaux siècles ! » Des tableaux allégoriques, qu'il attachait lui-même aux murs du Capitole, et qu'il interprétait ensuite avec une éloquence tribunitienne, comparant sans cesse la Rome d'autrefois à la Rome d'alors, lui servirent à développer ses talents oratoires et ses vues politiques. La multitude était subjuguée : les nobles, parmi lesquels on distinguait au premier rang les Colonna, les Orsini, les Savelli, semblaient ne pas voir ce qui se passait autour d'eux. L'instant d'agir était venu ; le 18 mai 1347, Rienzi fait crier dans les rues: « Que tout Romain « ait à se trouver sans armes, et le lendemain, dans l'église du château « St-Ange. » C'est le premier exemple d'une conjuration annoncée à son de trompe. Au moment indiqué, après avoir entendu *trente messes du St-Esprit*, il se rend en grande pompe au Capitole, et lit au peuple assemblé le plan d'une constitution qui est accueillie avec transport. On lui décerne les titres de tribun et de libérateur de Rome. L'adroit Rienzi ne consent à accepter cette nouvelle autorité, qu'en la partageant avec l'évêque d'Orvieto, vicaire du pape. Les Colonna ouvrent enfin les yeux ; mais la cloche du Capitole sonne ; le peuple court aux armes, et les nobles sont contraints de prêter serment au nouveau tribun. Après avoir proclamé la nouvelle constitution sous le nom de *bon état*, Rienzi songea à réformer les abus ; il s'entoura d'une armée de vingt mille hommes, et fit une justice aussi prompte que sévère des brigands que lui dénonçait la clameur publique. Il devint l'arbitre des princes de l'Italie, et vit les souverains de l'Europe accueillir avec enthousiasme la révolution qui le plaçait au faîte des grandeurs. Mais sa tête, trop faible, ne put supporter tant d'éclat. Il s'enivra de gloire, s'entoura de magnificence et de pompe, dissipa la fortune du peuple, et offensa les grands par son excessive vanité. Vainqueur dans un combat qui coûta la vie à deux des Colonna, il fit armer son fils chevalier de la Victoire, au milieu d'une cérémonie bizarre. Ce misérable orgueil le perdit. Le légat du pape fit cause commune avec les nobles; le comte de Minerbino, émigré du royaume de Naples, entra dans Rome avec une compagnie de gens d'armes. Le tribun fit sonner l'alarme, mais le peuple était fatigué du *bon état*; il fut sourd aux prières et aux larmes de Rienzi. Réduit à sortir du Capitole (15 décembre 1347), il se retira à Naples, où il vécut deux années, revêtu du sac de pénitent. Toujours à l'affût des circonstances, il revint secrètement; déjà il avait réussi à réchauffer le zèle de quelques uns de ses partisans, lorsque le légat du pape, ayant failli périr à la suite d'une émeute, l'excommunia, cassa les actes de son gouvernement, et lui interdit le feu et l'eau (1350). Le tribun se réfugia près de Charles IV, à Prague ; ce prince, frappé de son courage et de son éloquence, l'accueillit d'abord avec distinction, puis tout-à-coup, sur la demande du pape, l'envoya pieds et poings liés à Avignon (1352); là, Rienzi, chargé de fers, attendait sa sentence, lorsque Clément VI mourut. Il dut la vie à cet événement, et peut-être à l'amitié de Pétrarque. Un an plus tard, lorsque le pape Innocent VI méditait une expédition pour ressaisir le patrimoine de saint Pierre, le cardinal Albornoz, chargé du commandement des troupes, persuada au souverain Pontife que le nom et le crédit de Rienzi lui seraient d'un puissant secours dans cette conquête. Le pape brisa ses fers, le nomma sénateur de Rome, et le remit aux mains d'Albornoz, qui le mena comme en laisse aux sièges de Viterbe et d'Orvieto. Indigné d'une telle déception, Rienzi parvient à emprunter en secret des frères du fameux Montereale, chef de *condottieri*, de l'argent qui lui sert à acheter des hommes. Couvert d'habits somptueux, et suivi d'une garde brillamment armée, il se rend à Monte-Fiascone, somme le cardinal de remplir ses promesses, et se dirige ensuite sur Rome, où il est reçu en triomphe (1354). Après une foule d'intrigues intermédiaires, le calme commençait à renaître; mais les nobles n'avaient rien perdu de leur audace; et les Colonna, enfermés dans leur château de Palestrino, inquiétaient encore le tribun. Il sentit que toute la question était dans la prise de ce fort, et voulut en faire le siège : mal secondé par les siens dans cette entreprise, il devint défiant, soupçonneux, cruel, et envoya à la mort des citoyens considérés ; Montereale fut une de ses victimes. La guerre nécessita de nouveaux impôts, et le peuple murmura. Les Colonna saisissant cette occasion; un soulèvement se déclare, le Capitole est assiégé (8 octobre 1354). Armé de pied en cap et agitant sur sa tête le drapeau de la liberté, Rienzi paraît et cherche en vain à conjurer l'orage; une grêle de flèches tombe à ses pieds, Rienzi frémit : couvert d'un déguisement ignoble, il cherche à fuir. On le reconnaît, on le conduit sur le perron du lion de Porphire, où tant de fois il a prononcé des sentences de mort; immobile, il semble défier les poignards, et son regard étonne encore les Romains: enfin, après une heure d'hésitation, un partisan des Colonna s'élance la dague à la main, et Rienzi expire. — D. A. D.

IIe SIÈCLE AV. J.-C.

ROME.
ROSCIUS.
Né vers l'an 128. — Mort vers l'an 61 avant J.-C.

ACTEUR.

SYNCHRONISMES.

OEsopus, acteur tragique, rival de Roscius.

Éclat de la scène comique, qui s'évanouit après la mort de Roscius.

Guerres civiles.—Marius et Sylla — César et Pompée.

Consulat de Cicéron.

Les Romains recherchent avec empressement la littérature dramatique des Grecs.

On traduit les chefs-d'œuvre d'Euripide et de Sophocle.

Mimes Grecs et Romains.

TITRES HISTORIQUES.

Supériorité de son talent dans le genre comique et le genre tragique.

Introduction des masques sur la scène.

Ouvrage sur l'art du comédien mis en parallèle avec l'art de l'orateur.

Amitié qui l'unissait aux plus grands hommes de la république.

École de déclamation, où venait se former la jeunesse.

Son désintéressement. — Noble usage qu'il faisait de ses richesses.

NOTICE.

Rome et Athènes ont produit plusieurs auteurs dramatiques dont les noms sont passés à la postérité, et il est à croire que chez les anciens, passionnés pour les spectacles, ces fêtes publiques, ces représentations solennelles auxquelles assistait un peuple tout entier, firent naître des hommes dignes d'être, sur la scène, les interprètes de tant d'illustres poètes. Mais cet art du comédien, si admiré dans tous les âges, ne laisse point de monuments : leur renommée, comme leur gloire, s'éteint avec la génération qui les avait admirés. On ne parle point des acteurs de la Grèce, on ne connaît point les grands acteurs de Rome. Un seul a échappé à cette loi commune. Le nom de Q. Roscius, populaire dans le monde lettré, a survécu au siècle qui le vit briller, et cet avantage, on doute s'il ne le doit pas autant à ses vertus qu'à ses talents. L'acteur illustre serait peut-être mort oublié comme tant d'autres, la mémoire de l'homme de bien a triomphé du temps, et ce nom, célébré par Cicéron, honoré par Sylla, éveille encore aujourd'hui une vive curiosité. — On ne connaît pas précisément le lieu et l'année de sa naissance ; cependant, d'après plusieurs passages de Cicéron, je crois pouvoir affirmer qu'il naquit à Lanuvium, où il fut du moins élevé, l'an 625 de Rome, 56 ans après la mort de Plaute, et 31 ans après la mort de Térence. Ainsi les chefs-d'œuvre de la scène comique n'attendaient plus qu'un talent capable de les reproduire. Roscius vint de bonne heure à Rome : il annonçait déjà ce qu'il serait un jour, et il fut accueilli dans les maisons des plus grands personnages ; bientôt il se voua au théâtre. Des vers de Lutatius Catulus nous apprennent que Roscius joignait à une foule d'excellentes qualités une rare beauté. Un seul défaut déparait sa figure : il avait les yeux un peu de travers ; mais, ce défaut, il sut le faire tourner au triomphe de son art dans la comédie, et dans la tragédie, le masque dont les acteurs se couvraient le visage, en cachant son front, ne laissait apercevoir que le feu de ses regards et la passion qui le possédait. Cet usage de se servir de masques à la scène avait été commun en Grèce, où plusieurs causes l'avaient rendu nécessaire. Les spectacles, comme on sait, avaient lieu en plein jour dans d'immenses édifices, la foule était à une grande distance de l'acteur, et n'aurait pu apercevoir le jeu de sa physionomie : le masque annonçait sur-le-champ le personnage qui allait être représenté. D'ailleurs les femmes ne montaient point sur le théâtre ; leurs rôles étaient remplis par des hommes auxquels le masque devenait alors indispensable. Dans certains rôles on introduisait sous le masque un instrument qui changeait la voix ou lui donnait plus d'étendue. Mais ainsi le visage était toujours immobile et impassible, défaut immense que le talent de l'acteur devait faire oublier par la vérité de ses accents et de ses gestes. Roscius fut le premier ou du moins un des premiers qui introduisit à Rome l'usage des masques. Il est certain pourtant qu'il excellait à peindre par l'expression de la figure les diverses affections de l'âme ; témoin cette lutte célèbre entre lui et Cicéron, dans laquelle l'orateur exprimait la même pensée par des tours nouveaux, et l'acteur par des gestes différents et un nouveau jeu de physionomie : lutte singulière, où la victoire disputée par le comédien était déjà un triomphe. Roscius excellait également dans le sérieux et dans le comique ; sa manière était pleine de grâce : c'était un mérite qu'il estimait lui-même par-delà tous les autres, et qui ne manquait jamais au milieu des ris ou de la douleur, du pathétique ou du terrible ; son jeu était si parfait, que pour désigner un homme supérieur dans sa profession, on disait qu'il en était le *Roscius*. Il n'est pas étonnant qu'avec de telles qualités, Roscius ait fait le charme de ses contemporains. Au théâtre, on l'écoutait avec ce silence intelligent, ce recueillement d'admiration qu'obtenait de nos jours l'illustre Talma, avec lequel il a d'ailleurs plusieurs points de ressemblance. Macrobe parle d'un discours de Cicéron où celui-ci gourmande sévèrement les Romains d'avoir osé une seule fois faire du bruit pendant que Roscius était en scène. A Rome, où l'éloquence était le premier des arts, et où jouer l'éloquence le débit oratoire tenait une place si importante, Roscius devait faire école. En effet, les jeunes gens qui se destinaient au barreau vinrent prendre ses leçons. Cicéron avait donné l'exemple, et le disciple était resté l'ami du maître. Cette amitié ne fut point stérile : un procès injuste vint attaquer la tranquillité et l'honneur de Roscius ; il dut son triomphe à cette voix qu'il avait formée. Cette affaire donna à l'orateur occasion de rendre un public et éclatant hommage aux vertus privées de Roscius ; il vanta sa probité, sa bonté, la noblesse de son caractère, la pureté de ses mœurs ; il parlait devant le peuple assemblé, devant l'illustre Pison ; et le peuple, et Pison, et l'accusateur lui-même, applaudirent à ses paroles. Roscius en effet était là ce tout ce qu'il y avait de plus grand dans Rome : Sylla, dictateur et tout puissant, l'honora d'un anneau d'or qui conférait la dignité de chevalier. Cette estime générale, obtenue par Roscius, est d'autant plus remarquable, que les acteurs étaient peu estimés chez les Romains, bien différents en cela des Grecs, chez lesquels ils furent parfois chargés de négociations et d'ambassades. Roscius eût pu devenir riche : il avait acquis en dix ans 300,000 écus de notre monnaie ; mais il fit un noble usage de ses richesses, il les donnait aux magistrats pour soulager l'infortune. Pendant long-temps il monta gratuitement sur le théâtre : quoiqu'avancé en âge, il ne cessa point de paraître sur la scène, où il était toujours reçu avec les mêmes applaudissements. Cicéron (*Pro Archia*) a déploré la mort de Roscius dans ces termes, qui semblent s'appliquer d'une manière si précise et si littérale à notre célèbre tragique : « *Quis nostrûm, tam animo agresti ac duro fuit, ut Roscii morte nuper non commoveretur, qui cùm esset senex mortuus, tamen propter excellentem artem videbatur omnino mori non debuisse ?* »

F. L. B.

Imprimerie de E. Pochard, rue du Pot-de-Fer, n. 14, à Paris.

FRANCE.

J.-J. ROUSSEAU.

XVIIIe SIÈCLE.   **AUTEUR.**

Né le 28 juin 1712. — Mort le 3 juillet 1778.

SYNCHRONISMES.

1712. Bataille de Denain.
1713. Paix d'Utrecht.
1715. Mort de Louis XIV, de Leibnitz et de Fénelon.
1720. Peste de Marseille. 1721, système de Law.
1730. Abdication de Victor Amédée, duc de Savoie.
1733. Stanislas Leczinski, roi de Pologne, est détrôné.
1734. Émeute à Genève.
1737. Linnée publie ses ouvrages.
1745. Bataille de Fontenoy.
1748. Paix d'Aix-la-Chapelle.
1750. Klopstock écrit sa Messiade et Lessing ses fables.
1752-1754. Troupe de chanteurs italiens à Paris.
1755. Tremblement de terre de Lisbonne. Paoli chef des mécontens de Corse.
1761. Pacte de famille.
1768. Réunion de la Corse à la France.
1769. Mort de Gellert.
1773. Expulsion des jésuites.
1774. Louis XVI, roi de France. Goëthe publie son roman de Werther.
1775. Insurrection américaine. Washington.
1778. Mort de Voltaire et de Linnée.

TITRES HISTORIQUES.

1750. Discours qui a remporté le prix à l'Académie de Dijon.
1752. Le Devin de Village.
1753. Discours sur l'origine et les fondemens de l'inégalité parmi les hommes.
1757-1759. La nouvelle Héloïse.
1758. Lettre à d'Alembert sur les spectacles.
1762. Émile. Lettre à l'Archevêque de Paris.
1764. Lettres de la Montagne.
1767. Dictionnaire de Musique.
1767-1770. Confessions.
1771. Lettres sur la botanique.
Les Corses et les Polonais lui demandent des lois.
Ses restes sont déposés au Panthéon.

Éloquence, raison, génie sérieux et consciencieux jusque dans ses erreurs.
Bornes posées à l'incrédulité, flétrissures imprimées à l'intolérance.
Réformes dans l'éducation; les Mères redevenues nourrices de leurs enfans.
Des paradoxes, des erreurs en littérature, en philosophie et en politique.
Oubli d'un devoir sacré en morale.

NOTICE.

ROUSSEAU (Jean-Jacques), eut pour père un horloger de Genève. Son enfance paisible s'écoula entre les romans, Plutarque et les chansons de sa bonne tante. Mais en 1720 une affaire d'honneur força son père à s'expatrier; et voilà le pauvre Rousseau abandonné à des indifférens. De là cette jeunesse vagabonde et aventureuse. Mis en pension à Bossey, il en rapporte un peu de latin et beaucoup d'horreur pour l'injustice. On le place chez un greffier qui le déclare inepte et le renvoie chez un graveur qui le maltraite et le force à fuir. A 16 ans, les portes de Genève se ferment derrière lui; devant s'ouvre le monde. Il y entre sous les auspices de madame de Warens qui l'envoie à Turin, dans l'hospice des Cathécumènes où *il change de religion pour avoir du pain*. « Revenu chez elle, il essaie diverses carrières, étudie au séminaire, enseigne la musique qu'il ne sait pas encore, promène sa destinée errante d'Annecy à Fribourg, de Lausanne à Neufchâtel, de Berne à Paris, de Paris à Chambéry où son cœur le rappelle près de madame de Warens. » En 1737, il songe, pour la première fois, à étudier avec suite. C'est avec une espèce d'obstination qu'il travaille à la philosophie, à la géométrie, au latin, à l'anatomie et à la médecine. Un voyage à Montpellier le guérit d'un prétendu polype au cœur et de sa passion pour madame de Warens. Alors il ne pense plus qu'à se créer une existence indépendante. Dans l'automne de 1741, il y avait à Paris un homme vêtu d'une manière assez mince, logé dans le plus modeste des hôtels garnis. A l'entendre raisonner de sa nouvelle méthode pour noter la musique, on l'aurait pris pour un homme qui, s'il devait sortir de l'obscurité, n'y parviendrait jamais que comme musicien: c'était l'auteur d'*Émile*. Deux ans après, n'ayant gagné à ce projet que quelques éloges stériles, il suivait à Venise le comte de Montaigu. Après 18 mois d'occupations diplomatiques et autres, il est ramené à Paris par les mauvais procédés du comte. Devenu secrétaire de madame Dupin, il travaille avec Voltaire aux *Fêtes de Ramire*. C'est alors qu'il connut cette Thérèse si fatale à son repos. Il en eut cinq enfans qui furent tous mis à l'hôpital, coupable erreur contre laquelle *l'Émile* est une sublime protestation. Cependant Rousseau a 38 ans; il a composé deux mauvaises pièces et la musique d'un opéra de circonstance; il a fait quelque chose pour l'Encyclopédie, mais rien pour la postérité; lorsqu'en allant voir Diderot, prisonnier à Vincennes, il lit cette question proposée par l'Académie de Dijon : *Le rétablissement des sciences et des arts a-t-il contribué à épurer ou à corrompre les mœurs?* A cette lecture, son génie se révèle à lui-même; il soutient la négative, et remporte le prix : l'ouvrage *prend par-dessus les nues*; rien ne manque à ce triomphe, ni scandale, ni royales réfutations, ni répliques vives et animées. Que faisait l'auteur au milieu d'un si brillant succès? Il copiait de la musique à six sous la page. Grand bruit dans le monde tout littéraire du XVIIIe siècle: écrivains, grandes dames, curieux, affluent chez le copiste; et l'obscurité, s'il la cherche, le fuit plus que jamais. L'enthousiasme redouble à l'apparition du *Devin de village*; mais l'auteur se dérobe à l'ovation qu'on lui prépare à Fontainebleau, et retourne à Paris copier de la musique. Bientôt la question *sur l'origine de l'inégalité parmi les hommes* lui est proposée à l'occasion d'un nouveau chef-d'œuvre, ce qui ne veut pas dire d'un prix académique. Mais les distractions augmentaient pour lui avec la célébrité. Ces souvenirs d'enfance l'appellent à Genève, il pense à le posséder. Il y reprend le culte de ses pères, et se fait rétablir dans le droit de cité. Ramené cependant à Paris par les sollicitations de ses amis, il est contraint d'accepter de madame d'Épinay la retraite champêtre de l'Hermitage. Là, dans ses promenades solitaires il rêve *Claire et Julie*, tandis que madame d'Houdetot lui fait connaître l'amour *avec toute son énergie et toutes ses fureurs*. Mais les plus grands ennemis de son repos l'avaient suivi dans la retraite. Thérèse et sa mère, femmes basses et intéressées, lui suscitèrent mille tracasseries et le détachèrent de ses amis, faux ou sincères. Il rompt avec madame d'Épinay, avec Grimm, avec Diderot. Retiré à Montlouis, il écrit la *Lettre sur les spectacles* et la *nouvelle Héloïse*. Le succès de ce roman fut immense. Chaque volume se loua douze sous l'heure, et deux jeunes seigneurs, n'en trouvant plus qu'un exemplaire, se disputèrent l'épée à la main. « Son meilleur et son plus digne ouvrage, l'*Émile*, devint la cause de sa perte. Attiré au château de Montmorency par M. et madame de Luxembourg, Rousseau leur avait communiqué son manuscrit. L'ouvrage paraît presque malgré lui, sous les auspices d'un maréchal, pair de France et d'un directeur de la librairie (Malherbes): quelques jours après, le livre était proscrit, et l'auteur, décrété de prise de corps, quittait en fugitif le territoire français! » Repoussé de Genève, à Berne, à Neufchâtel, il ne respire un moment à Motiers-Travers que pour se voir bientôt rejeté dans la vie errante par l'amitié de milord Maréchal, qui le décide alors à suivre Hume en Angleterre. D'abord tout lui sourit : l'héritier du trône vient le visiter; Hume lui procure une pension du gouvernement et un asile champêtre à Wooton. Mais sous le ciel sombre de l'Angleterre, le sentiment d'une rigueur non méritée fermenta dans son âme aigrie par l'isolement. Bientôt se déclara cette monomanie de persécution qui répandit tant d'amertume sur ses derniers jours. « Les liaisons de Hume avec ses ennemis éveillent ses soupçons : il se croit l'objet d'un vaste complot, tramé pour diffamer sa vie et flétrir sa mémoire; Grimm en est l'inventeur; Voltaire, Tronchin, Choiseul, les complices, Hume l'instrument. Dès-lors il rompt avec ce dernier, repousse la pension royale, puis, se croyant prisonnier, s'évade de chez lui, court à travers l'Angleterre, harangue en français la populace de Douvres. Surpris de s'embarquer sans obstacles; et il arrive en France. Alors seulement il revient un peu à lui. A Amiens il est comblé d'honneurs, à Trie, le prince de Conti lui donne un asile. Cependant, il fait mille scènes bizarres, et se marie avec Thérèse sous le faux nom de Renou. Enfin une idée fixe s'empare de lui ; poursuivi par le fantôme d'un complot contre son honneur, c'est pour en triompher qu'il songe à écrire ses *Confessions*. » Il accourt à Paris, en multiplie les lectures ; mais la police le force de les suspendre. En vain le succès de *Pygmalion* vient rappeler celui du *Devin de village*; las de cette *âcre fumée de gloire qui fait pleurer*, il ne veut plus que le repos. « Il en demande à la misanthropie et jusqu'à la charité publique, sollicitant la faveur d'être admis dans un hôpital quand tout le monde brigue l'honneur de lui offrir un asile. Six semaines avant de mourir, il avait enfin accepté une retraite chez M. de Girardin, à Ermenonville. Là, les champs, les jeux naïfs des enfans qui croissaient sous ses yeux, commençaient à verser un peu de calme dans son âme, lorsqu'une apoplexie séreuse l'enleva dans la matinée du 3 juillet 1778. Il mourut en demandant à voir encore une fois le soleil et les champs. » Quelques temps après, son indigne épouse devint celle d'un palefrenier. Ce ne devait pas être la dernière femme infidèle à un noble veuvage.

¹ Les passages placés entre des guillemets sont empruntés à une notice de M. Berville.

IMPRIMERIE DE SELLIGUE, RUE DES JEUNEURS, N. 14.

FRANCE.

SULLY.

Né le 13 décembre 1560, mort le 21 décembre 1641.

XVII° SIÈCLE. — **MINISTRE.**

SYNCHRONISMES.

Conjuration d'Amboise. — Mort de François II. — Charles IX. — Massacre de la St.-Barthélemy. — Catherine de Médicis. — Henri III. — Les Guise. — Le duc de Parme. — Marie Stuart. — Son abdication. — Jacques VI, 1er d'Angleterre. — Jugement et exécution de Marie Stuart. — Mort d'Élisabeth. — Avénement de Jacques. — Conspiration des poudres. — Wighs. — Torys. — Usurpation du royaume de Portugal par Philippe II. — Décadence des Portugais dans l'Inde.
Réforme du calendrier européen sous Grégoire XIII.
Le danois Tycho Brahé publie son système astronomique.
Expulsion des Maures par Philippe III. — Décadence de l'Espagne.
Union évangélique en Allemagne. — Succession de Juliers. — Guerre de Trente-Ans.
Louis XIII. — Régence de Marie de Médicis. — Meurtre du maréchal d'Ancre. — Richelieu.

TITRES HISTORIQUES.

Victoire de Coutras (1588) due à son habileté à servir l'artillerie.
(1591) Prise de Gisors. — Habileté dans l'art des mines inconnu à son siècle.
Institution des chambres de justice pour le rétablissement des finances (1601-04). — Mauvaises opérations sur les monnaies.
Encouragemens donnés à l'agriculture. — Préjugés contre les autres branches de commerce. — Fermeté contre les courtisans. — Réduction des offices. — Réduction de l'intérêt du denier 10 et 12 au denier 16.
Établissement d'un hôpital militaire pour les invalides. — Plan d'une école militaire pour la jeune noblesse. — Soins pour rétablir la marine. — Travaux entrepris pour les bâtimens, les routes, les ponts et chaussées. — Construction du Pont-Neuf et de la place Dauphine (1603).
Mémoire pour la réunion des catholiques et des Protestans.
Frugalité. — Son ardeur infatigable pour le travail. — Facilité de son abord.

NOTICE.

Au milieu des fureurs des guerres de religion, quelques années avant les terribles batailles de Dreux, de Jarnac et de Montcontour, étaient nés deux hommes qui devaient réparer un jour les maux de la France: c'étaient Henri IV et Sully. Sully, protestant, échappa au massacre de la Saint Barthélemy par son adresse et sa présence d'esprit. En 1576, il suivit le jeune roi de Navarre, qui fuyait la cour de France et Catherine de Médicis. Charles IX avait cessé de vivre, dévoré par ses remords, mais toujours dominé par sa mère. Henri III, lâche déserteur du trône de Pologne, était venu saisir la couronne de France; il avait le titre de roi; Catherine gouvernait. Les protestans, plus redoutables par leurs pertes, couraient à la vengeance. Tout le midi était à eux. Ils avaient, pour places fortes, Nîmes, Montauban, La Rochelle; pour chef, Henri de Navarre. Rosny se signala dans ces guerres à côté de Henri. Il était de sept ans plus jeune; mais les brillantes qualités du Béarnais avaient fait une vive impression sur son ame. Dès lors, commença entre eux, autant que la distance de rang le permettait, cette amitié qui n'honora pas moins le sujet que le prince. Villefranche, Marmande, Cahors, furent les témoins de leur valeur et de leur noble rivalité. La gloire cimentait un attachement né au sein du malheur et des dangers. Dans l'intervalle des combats, Sully fut envoyé à la cour de France. Dès l'âge de vingt-trois ans, il savait manier les esprits. Il vit naître (1583) la Ligue et l'ambition des Guise. En 1586, il jeta les fondemens du traité qui devait plus tard réunir les deux rois (1589). Après l'assassinat de Henri III, le premier, il salua Henri de Navarre roi de France. Ses prières, ses discours retinrent auprès du Béarnais presque tous les seigneurs catholiques; mais la Ligue était toute-puissante. Henri, roi légitime, avait contre lui le fanatisme et l'or de l'Espagne; il avait pour lui ses droits, son épée et Sully. Il fallait encore combattre. On connaît les journées d'Arques et d'Ivry; il reçoit sept blessures près de son maître qui, le serrant des deux bras, après la bataille, le proclama brave soldat, vrai et franc chevalier. Cependant, à cette époque même, le roi, qui craignait de faire ombrage aux catholiques, lui refusa les gouvernemens de Mantes et de Gisors. Sully croit ses services méconnus, et se retire au château de Rosny pour guérir ses blessures. L'étude de l'histoire console ses ennuis, et ce temps, perdu pour la gloire des armes, servit à former le grand ministre. Mais bientôt Sully revient auprès de son roi. Henri IV a besoin de ses conseils. Doit-il rester calviniste, doit-il retourner à la foi de ses aïeux? Sully n'hésite pas, il ne consulte que l'intérêt de l'État; et Henri, devenu catholique, rentré dans la capitale (1594) de son royaume, conserve à son fidèle Rosny son amitié et sa faveur. Les finances étaient dans le plus grand désordre; la dette de l'État montait à plus de 300 millions, somme énorme pour le temps-là. Henri, qui avait souvent admiré l'ordre, l'économie de Sully, et qui maintes fois avait trouvé en lui d'utiles ressources, songea alors sérieusement à lui confier les finances. Sully accepta. Son premier soin fut de parcourir les provinces, où il déploya une rigueur nécessaire contre les traitans. Son austère probité, sa justice rigoureuse, ramenèrent la prospérité. Dans l'espace de quinze ans, les dettes de l'État furent notablement diminuées de 5 millions, les revenus augmentés de 4; et à la mort du roi, il se trouva à la Bastille plus de 40 millions. Peut-être doit-on reprocher à Sully d'avoir soustrait à la circulation une pareille somme. Nous lui adresserons un reproche plus grave, c'est de

s'être opposé aux plans de son maître pour l'accroissement des manufactures. Il faisait consister toute la richesse d'un état dans l'agriculture. Le labourage et le pacage, disait-il, voilà les mamelles dont la France est alimentée, les trésors et vraies mines du Pérou. Heureusement le génie de Henri IV voyait plus loin que celui de son ministre. C'est à sa fermeté qu'on doit les manufactures de soie. Les finances ne prirent point tout le temps de Sully: son esprit actif se porta sur toutes les branches de l'administration. Créé successivement surintendant des finances, surintendant des fortifications et des bâtimens, grand-voyer, grand-maître de l'artillerie, ces différentes charges ne furent point dans ses mains de vains titres d'honneur. Il se distingua surtout dans l'attaque et la défense des places. Les sièges de Dreux, de Laon, d'Amiens, la prise des forteresses de Charbonnières et de Montmélian dans les guerres de Savoie (1600), portèrent au plus haut degré sa gloire et sa réputation. Grand ministre, guerrier illustre, il fut aussi habile négociateur. La Suisse, l'Espagne, l'Italie, le virent tour à tour chargé des intérêts de Henri IV. Son entrevue avec Élisabeth à Douvres (1601), son ambassade auprès de Jacques 1er (1603), qui n'avait point hérité des bonnes intentions d'Élisabeth, assurèrent à la France un allié puissant et de grands avantages pour son commerce. Sully sut reconnaître tant de services par ses nombreux bienfaits, et surtout par son inaltérable attachement qui résista à toutes les intrigues, à toutes les attaques de l'envie, et souvent même aux propres mouvemens de son cœur. Car Sully était son ami et non son flatteur. Les faiblesses de Henri IV, ses prodigalités, les caprices et l'orgueil de ses maîtresses, trouvèrent dans Rosny un censeur, un adversaire. Les larmes de la belle Gabrielle, les ruses de la fière Henriette d'Entraigues, les calomnies du père Cotton, jésuite et confesseur du roi, ne purent ébranler son crédit, et la plus forte de ces intrigues ne put donner lieu qu'à ces belles paroles: Relevez-vous, Rosny, ils croiraient que je vous pardonne. Sully, qui partageait les vues de Henri IV pour l'abaissement de la Maison d'Autriche, s'occupait des préparatifs de cette grande expédition, lorsque le poignard d'un assassin vint lui ravir (1610) son maître et son ami, et la France le meilleur des princes. Atterré de ce coup inattendu, il quitta la cour, et alla cacher sa douleur dans une de ses maisons de campagne. Ne voulant pas plier sous un indigne favori, l'italien Concini, il résigna toutes ses charges, dont il tira le plus d'argent possible. Car, il faut le dire, Sully ne s'était jamais piqué de servir l'État assez désintéressément. Il avait su retirer de ses services une immense fortune, quoique par des moyens toujours honorables. Il avait seulement conservé l'artillerie et les places fortes. Dès lors, il parut peu à la cour; mais il ne prit point part aux troubles de la régence; il fit, au contraire, souvent parvenir des avis à la reine. Louis XIII honora la vieillesse du serviteur, de l'ami de son père, par le titre de maréchal de France (1634). Quelques défauts se mêlèrent à tant de vertus et firent ombre à ses brillantes qualités. Sully était opiniâtre, fier, avaro d'honneurs et d'argent. Mais un seul mot suffit à son éloge : il fut du peuple et du roi. C'est dans ses mémoires qu'on trouve cette phrase, qui devrait être dans la bouche de tous les ministres : La première loi des dominations légitimes est l'obéissance volontaire des sujets à leurs rois, et celle de l'absolue déférence des rois aux statuts et ordonnances des états, qu'ils ont jurés en prenant possession d'iceux.

F. L. B.

Imprimerie et Fonderie de J. Pinard, rue d'Anjou-Dauphine, n° 8, à Paris.

XVIIIᵉ ET XIXᵉ SIÈCLES.

FRANCE.

TALMA.

Né le 15 Janvier 1763. — Mort le 19 Octobre 1826.

ACTEUR.

SYNCHRONISMES.

TITRES HISTORIQUES.

Louis XVI. — La République.—
Le Directoire. — Le Consulat. —
L'Empire. — Louis XVIII. —
Charles X.
1778. Mort de Le Kain.
1786. Établissement du Conservatoire.
1799. Mort de Beaumarchais.
1803. Mort de Mlle Dumesnil.
1817. Mort de Mme de Staël. — Incendie de la grande salle de spectacle à Berlin.
1818. Incendie de l'Odéon.
1819. Assassinat de Kotzebue par Sand.
1820. Fermeture de la salle de l'Opéra à la suite de l'assassinat du Duc de Berri.
Chénier, Ducis, La Harpe, Legouvé.
Geoffroy.
Monvel, Molé, Larive, St-Prix, Lafon, Damas.
Mlles Contat, Duchesnois, Georges, Mars.
Kemble, Macready, Kean, Miss Bellamy, Mistriss Siddons, en Angleterre.
Iffland, en Allemagne.
Lord Byron, Schiller, Goëthe, Alfieri.

Révolution du costume.

Rôles d'Oreste (Andromaque), Charles IX, Othello, Hamlet, Égysthe, Pinto, Germanicus, Leicester (Marie Stuart), Sylla, Régulus, Falkland, Danville (l'École des Vieillards), Léonidas, Charles VI, etc., etc.

Génie sublime.

Caractère politique honorable.

Talents littéraires.

Intimité de Mirabeau, Ducis, David, et de tout ce que les arts, la politique et les armes ont produit de plus remarquable.

Amitié de Napoléon.

NOTICE.

TALMA (François-Joseph) naquit à Paris, dans la rue des Ménétriers. Il passa ses premières années en Flandre et en Angleterre, où son père exerçait la profession de dentiste. Ce fut à l'âge de 9 ans qu'il revint en France et entra dans une pension située dans le Jardin du Roi, sur l'emplacement où fut bâtie depuis la maison qu'habita Buffon. M. Verdier, directeur de cet établissement, avait composé une tragédie intitulée *Tamerlan* : le jeune Talma chargé, dans un rôle secondaire, de rendre compte de la mort du héros, s'était tellement pénétré de la situation, que ses pleurs le suffoquèrent, au point qu'il ne put achever son récit. Quand ses études furent terminées, il retourna en Angleterre près de son père, qui avait été nommé dentiste du roi; réuni à quelques jeunes compatriotes, il donnait, dans les salons de cette capitale, des représentations qui contribuèrent à développer ses moyens; la langue anglaise lui était devenue assez familière pour qu'il pût tenter de débuter à Drury-Lane, où les encouragements d'une foule de personnages de distinction semblaient l'appeler, lorsque des affaires de famille le forcèrent de quitter pour la seconde fois la Grande-Bretagne. De retour à Paris, il ouvrit dans la rue Mauconseil un salon où il exerça pendant dix-huit mois la même profession que son père : mais déjà il avait conçu le projet de se faire comédien, et les applaudissements qu'on lui prodigua chez Doyen, dans une représentation d'Iphigénie en Tauride, où il jouait Oreste, le décidèrent, malgré les remontrances de quelques amis, à entrer à l'école de déclamation, pour y recevoir les leçons de Molé, Dugazon et Fleury. Quinze jours après, il débuta à la Comédie-Française par le rôle de Séide de Mahomet (21 novembre 1787). Il fut bien accueilli, et immédiatement après ses débuts, engagé pour l'emploi des amoureux dans tous les genres. Pendant deux ans, obscur pensionnaire de la comédie, il ne se montra guère que dans l'emploi des confidents ; mais il profita de ses loisirs pour étudier l'histoire, et l'exemple du peintre David, avec qui il était lié, lui donna le désir d'opérer sur la scène française cette révolution du costume pour laquelle Le Kain, Mlle Clairon et Mlle Saint-Huberti avaient déjà fait de vaines tentatives. Au commencement de l'année 1789, chargé du rôle de Proculus, dans la tragédie de Brutus, il fit voir pour la première fois une véritable toge romaine. Avant son entrée, il fut en butte aux sarcasmes de tous ses camarades, mais le public lui sut gré de cette innovation, et l'enthousiasme de ses juges le récompensa de ses nobles efforts. Enfin l'occasion de prouver le génie dont il était doué se présenta. Il venait d'être reçu sociétaire; Chénier lui confia le rôle de Charles IX, que Saint-Phal avait refusé; c'est de cette époque que date sa réputation (4 novembre 1789). Le succès de Charles IX fut prodigieux; la scrupuleuse exactitude du costume de Talma, son jeu muet surtout, y contribuèrent sans doute; mais il n'évitait pas encore les défauts dont il s'est corrigé depuis. La révolution venait d'éclater; les comédiens français étaient en général d'une opinion politique contraire à celle de Talma. Effrayés en quelque sorte du succès de Charles IX, ils avaient rayé cet ouvrage du répertoire, et la proscription avait atteint Brutus, la Mort de César et même les Horaces, enfin toutes les pièces où le mot *liberté* se trouvait répété fréquemment. Les députés de Provence ayant manifesté le désir de voir la tragédie de Chénier, Mirabeau en fit pour eux la demande et l'obtint qu'un refus. Le parterre se chargea de cette querelle et exigea à grands cris la continuation des représentations de Charles IX; Talma, alors en scène pour jouer le rôle d'Harcourt dans le Réveil d'Épiménide, s'avance et promet de faire représenter la pièce le lendemain; cette déférence est le signal d'une dissention entre les comédiens. Talma s'unit à Monvel, Dugazon, Mme Vestris, et fonde sur le théâtre de la rue de Richelieu une seconde scène française qui, par la supériorité des talents, fait bientôt oublier la première. Les succès de Talma avaient attiré l'attention de Ducis, qui lui confia les premiers rôles de ses ouvrages; Jean-sans-Terre, Henri VIII, Othello, Pharan, Hamlet et enfin Égysthe de l'Agamemnon de Lemercier, vinrent mettre le sceau à sa réputation. Malgré ses nombreuses études dramatiques, Talma ne put rester étranger à la révolution : admis dans l'intimité de Mirabeau et de presque tous les Girondins, il fut dénoncé, et échappa comme par miracle à l'échafaud. En 1795, il s'établit de fréquents rapports entre lui et Napoléon, et lorsque le général devint consul, empereur, il continua à recevoir dans l'intimité le grand artiste, mais n'apprit point de lui, comme on l'a dit, et n'en reçut les insignes de la puissance; loin de recevoir ses conseils, ce fut lui souvent qui en donna. Talma réunissait tout, organe, physionomie éminemment tragique, intelligence, génie; la nature l'avait accablé de ses dons, et l'art avait perfectionné l'ouvrage de la nature. A la retraite de Larive, il se trouva en possession de l'emploi des premiers rôles (1800). Rien ne manquait à sa gloire, pas même l'envie; les critiques amères du célèbre aristarque Geoffroy troublèrent parfois ses triomphes, mais le notoire eut à gagner contre ses détracteurs. Vers la fin de 1807, il fut attaqué d'une effrayante maladie de nerfs, qui menaça d'enlever à la scène française son plus bel ornement. Un an après, Napoléon le fit jouer à Erfurth, *devant un beau parterre de rois*. A son retour à Paris, Talma ne créa qu'un seul rôle, celui d'Hector. Une seconde maladie le força de s'éloigner du théâtre jusqu'en 1810; les années suivantes ne virent paraître aucun ouvrage qui pût augmenter le répertoire ou devenir moins la réputation de Talma. A la première restauration, le roi l'accueillit avec bonté, et sut apprécier son rare mérite; en 1815, il alla voir Napoléon : « Eh bien, lui dit « l'empereur, je sais que Louis XVIII vous a bien reçu; vous devez avoir été « flatté de son suffrage; c'est un homme d'esprit qui doit s'y connaître; il a « vu Le Kain. » En 1817, Talma créa le rôle de Germanicus, la même année il se rendit en Angleterre où il joua devant les personnages les plus illustres; John Kemble, son ami et son rival, suivit toutes ses représentations avec le plus vif intérêt; à son retour il créa le rôle de Leicester dans Marie Stuart de M. Lebrun ; il obtint un succès d'enthousiasme dans Sylla, dans Régulus, et le souvenir des succès qu'il avait obtenus dans Plaute et dans Pinto, lui fit accepter le rôle de Danville de l'École des Vieillards (6 décembre 1823). Après avoir mis en action le tableau du sublime dévoûment de Léonidas (26 novembre 1825), il sembla réunir toutes ses forces pour nous montrer le spectacle effrayant de la dégradation morale de l'infortuné Charles VI (6 mars 1826). Cet étonnant effort fut aussi le dernier. Atteint d'une cruelle maladie, il se retira à sa charmante habitation de Brunoy; il avait encore toute sa tête, mais la maigreur de son corps n'annonçait pas trop sa fin prochaine. On lui conseilla les eaux d'Enghien; enfin on le fit venir à Paris, et c'est à Paris que les médecins conservèrent peu d'espoir de le sauver. Pendant les derniers jours de sa maladie, l'archevêque de Paris se présenta trois fois pour le voir. Le 19 octobre, Talma rendit le dernier soupir; aucune convulsion ne précéda son dernier soupir, il s'éteignit en prononçant ces mots : Voltaire..... Voltaire.... comme Voltaire! D. A. D.

Imprimerie de E. POCHARD, rue du Pot-de-Fer, n. 14, à Paris.

SUISSE.

GUILLAUME TELL.

XIV° SIÈCLE. **LIBÉRATEUR.**

Né le…… — Mort vers l'an 1330.

SYNCHRONISMES.   TITRES HISTORIQUES.

La maison ottomane commence avec le XIV° siècle.	Mort de Gesler.
Fin de la dynastie esclavonne en Bohême.	Premier coup porté à la tyrannie autrichienne.
La boussole est perfectionnée par le Napolitain Flavio Gioia.	Commencement de l'indépendance de la Suisse.
Démêlés entre Boniface VIII et Philippe-le-Bel.	Guillaume Tell combat à Morgarten.
Robert Bruce et Wallace en Écosse.	
Les Papes à Avignon.	
Conjuration de Tiepolo à Venise.	
Établissement des Annates.	
Le parlement d'Angleterre s'empare de l'autorité législative.	
Suppression de l'ordre des Templiers.	

NOTICE.

Au commencement du XIV° siècle, les trois cantons d'Uri, Schweitz et Underwald étaient gouvernés par des baillis, au nom de l'empereur Albert, qui voulait changer en une domination despotique le simple protectorat que ses prédécesseurs avaient toujours exercé sur cette partie de la Suisse. Le chevalier Gesler, gouverneur de Schweitz et d'Uri, était le plus cruel de ces tyrans subalternes. Il alla jusqu'à faire mettre au haut d'une perche, sur la place publique d'Altorf, un chapeau devant lequel devaient s'incliner tous les passans. On a traité ce fait d'incroyable ; mais, si l'on adopte la conjecture de Jean de Muller, qui pense que c'était le chapeau ducal d'Autriche, on n'y verra plus qu'un moyen politique pour reconnaître et rallier au besoin les partisans de cette maison. Cependant quelques âmes généreuses songeaient à briser ce joug odieux. Un Burglen avait reçu les sermens de trois hommes qui méritent bien que la postérité se donne un peu de peine pour prononcer leurs noms. C'étaient Walter Furst d'Uri, Warner Stauffacher de Schweitz et Arnold d'Underwald. Le premier jour de l'année 1308 était marqué pour l'exécution de leurs projets ; mais un événement inattendu vint hâter ce moment. A Burglen, près d'Altorf, canton d'Uri, habitait un paysan nommé Guillaume Tell. Il était connu, dans tout le pays, pour son adresse à tirer de l'arc, et plus c'était un homme déterminé, meilleur pour l'action que pour le conseil. Il était du complot, quoiqu'il ne se fût pas trouvé au Grutli, et avait deux fils, Guillaume et Walter. Voilà tout ce que l'on sait de lui jusqu'à l'action qui le rendit à jamais célèbre. Le 18 novembre 1307, il fut dénoncé au bailli pour avoir manqué plusieurs fois de saluer le chapeau. Le lendemain Gesler le fit venir et lui demanda pourquoi il avait bravé ses ordres. Ici j'emprunte les paroles naïves d'une vieille chronique*, conservées par le baron de Zurlauben : « Cher seigneur, répondit Tell, cela est arrivé » fortuitement et non par mépris ; pardonnez-le moi : si j'étais sensé, je ne » m'appellerais pas Tell (ce mot dans l'ancien allemand signifie un homme » de peu de sens.) » Or Tell était un excellent archer et avait de beaux enfans qu'il aimait tendrement. Gesler se les fit amener et dit au père : « Tell, lequel » de tes enfans c'est le plus cher ? » Tell lui répondit : « Monseigneur, ils me » sont également chers. » Là-dessus le bailli repartit : « J'apprends que tu es » un arbalétrier fameux, tu vas me donner un trait de ton habileté. Je veux » que tu tires une pomme sur la tête de l'un de tes enfans ; mais prends garde » de manquer la pomme, car si tu ne l'abats dout premier coup, il t'en » coûtera la vie. » Cet ordre effraya Tell ; il supplia le bailli de le révoquer ; il le trouvait si dénaturé, qu'il aimait beaucoup mieux mourir que de tirer contre son cher enfant. Gesler lui dit alors : « Obéis, ou toi et tes enfans » mourront. » Tell vit bien qu'il fallait obéir ; il pria Dieu du fond de son cœur qu'il le sauvât lui et son cher enfant. Il prit ensuite son arbalète et ajusta une flèche dessus, laissant une autre flèche dans son carquois. Le bailli plaça lui-même la pomme sur la tête de l'enfant, qui n'avait pas plus de 6 ans. Tell décoche la flèche et abat la pomme sans blesser son fils**. Le bailli surpris loue Tell de son adresse, et apercevant de la seconde flèche, lui demande à quel usage il la destinait. « C'est la coutume des archers, dit celui-ci, de por-

» ter deux flèches sur eux. » Gesler, voyant bien que c'était une défaite, lui répondit : « Tell, dis-moi rondement la vérité, je te promets la vie, ne crains » rien et sois franc. — Eh bien ! Monseigneur, je vais vous dire naïvement ce » qu'il en est : j'étais résolu, si j'avais touché mon fils, de vous tuer avec ma » seconde flèche, et sans doute je n'aurais eu garde de vous manquer. — » Tell, dit Gesler, je t'ai promis la vie, je tiendrai ma promesse ; mais, comme » je connais ta mauvaise volonté pour moi, je vais te faire mener dans un » endroit et t'y enfermer si bien, que tu ne verras plus la lumière du jour ni » la clarté de la lune, le tout pour me garer de toi. » Tell est chargé de fers : Gesler s'embarque sur le lac à Fluelen avec ses satellites et son prisonnier, qu'il voulait mener à son château de Kussnacht. Mais un vent furieux s'étant élevé, la barque fut sur le point de périr : « Monseigneur, dit alors un des » domestiques du bailli, Tell, que voici, est un homme robuste et un ba- » telier habile, lui seul peut nous sauver. » Le bailli, qui craignait pour sa vie, consent à tout. Tell est délié et placé au gouvernail. Près d'un endroit nommé le Petit-Achsemberg, il se mit à crier aux rameurs de redoubler leurs efforts jusqu'à ce qu'ils aient dépassé ce rocher. Quand il est à portée, il tourne le gouvernail, saisit son armure déposée au fond de la barque, qu'en s'élançant il repousse dans les flots. Gesler est long-temps le jouet des vagues ; il arrive enfin à Brunnen, monte à cheval et traverse le pays de Schweitz. Entre Art et Kussnacht, dans un endroit où le chemin est creux et entouré de broussailles, un trait, parti d'une main invisible, le renverse raide mort à bas de son cheval. C'est le brave Tell qui l'a lancé ; de là il court à Steinen avertir Stauffacher ; des feux allumés sur les montagnes instruisent les autres confédérés, les forts sont démolis, les tyrans chassés, et la liberté, rapide comme la flèche de Tell, s'étend des trois cantons sur toute la Suisse. A la bataille de Morgarten, gagnée contre les Autrichiens, en 1315, nous voyons reparaître notre héros, combattant avec son père Walter Furst. On croit qu'il fut ensuite administrateur des revenus de l'église de Burglen ; puis ses traces vont s'effaçant de plus en plus dans l'histoire. Seulement une tradition vague conserve encore le fait qu'il périt malheureusement, vers l'an 1330, dans un débordement qui renversa Burglen, sa patrie. L'histoire de la pomme a trouvé de violens contradicteurs. Cependant un acte authentique de 1388, constatant l'érection d'une chapelle qui existe encore à l'endroit où Tell s'élança de la barque, et qui renferme toute son histoire peinte en douze tableaux, atteste que cent quatorze personnes, qui avaient connu Tell, assistaient à cette fondation. De plus, en 1503, on montrait encore, dans le marché d'Altorf, le tilleul auquel l'enfant fut attaché. Enfin l'arbalète de Tell est conservée à l'arsenal de Zurich. Peu de temps après que Tell eut tué Gesler, il fonda, avec les confédérés Furst et Stauffacher, une procession annuelle de Steinen à Burglen, pour remercier Dieu de la délivrance de leur patrie. Cette procession subsiste encore, et les frais en sont fournis par les cantons d'Uri et de Schweitz. Une autre procession se fait tous les ans, le vendredi après l'Ascension, à la chapelle dont nous avons déjà parlé. La famille de Tell, qui, jusqu'au XVI° siècle, avait rempli plusieurs places subalternes, s'éteignit dans Jean-Martin Tell, qui mourut, en 1624, au village de Œttinghausen, et dans une fille nommée Verène Tell, morte en 1727.

B.-E.-J. R.

* Schiller l'a connue et en a profité dans son *Guillaume Tell*.
** La tradition rapporte que la distance était de 120 pas.

IMPRIMERIE DE SELLIGUE, RUE DES JEUNEURS, N. 14.

SUISSE.
GUILLAUME TELL.
Né le............., mort vers l'an 1330.

XIVᵉ SIÈCLE. — **LIBÉRATEUR.**

SYNCHRONISMES.

La maison ottomane commence avec le XIVᵉ siècle.
Fin de la dynastie esclavonne en Bohême.
La boussole est perfectionnée par le Napolitain Flavio Gioia.
Démêlés entre Boniface VIII et Philippe-le-Bel.
Robert Bruce et Wallace en Écosse.
Les Papes à Avignon.
Conjuration de Tiepolo à Venise.
Établissement des Annates.
Le parlement d'Angleterre s'empare de l'autorité législative.
Suppression de l'ordre des Templiers.

TITRES HISTORIQUES.

Mort de Gesler.
Premier coup porté à la tyrannie autrichienne.
Commencement de l'indépendance de la Suisse.
Guillaume Tell combat à Morgarten.

NOTICE.

Au commencement du XIVᵉ siècle, les trois cantons d'Uri, Schweitz et Underwald étaient gouvernés par des baillis, au nom de l'empereur Albert, qui voulait changer en une domination despotique le simple protectorat que ses prédécesseurs avaient toujours exercé sur cette partie de la Suisse. Le chevalier Gesler, gouverneur de Schweitz et d'Uri, était le plus cruel de ces tyrans subalternes. Il alla jusqu'à faire mettre au haut d'une perche, sur la place publique d'Altorf, un chapeau devant lequel devaient s'incliner tous les passans. On a traité ce fait d'incroyable; mais si l'on adopte la conjecture de Jean de Muller, qui pense que c'était le chapeau ducal d'Autriche, on n'y verra plus qu'un moyen politique pour reconnaître et rallier au besoin les partisans de cette maison. Cependant quelques ames généreuses songeaient à briser ce joug odieux. La plaine du Grutli avait reçu les sermens de trois hommes qui méritent bien que la postérité se donne un peu de peine pour prononcer leurs noms. C'étaient Walter Furst d'Uri, Warner Stauffacher de Schweitz et Arnold d'Underwald. Le premier jour de l'année 1308 était marqué pour l'exécution de leurs projets; mais un événement inattendu vint hâter ce moment. A Burglen, près d'Altorf, canton d'Uri, habitait un paysan nommé Guillaume Tell. Il était connu, dans tout le pays, pour son adresse à tirer de l'arc; de plus c'était un homme déterminé, meilleur pour l'action que pour le conseil. Il était du complot, quoiqu'il ne se fût trouvé au Grutli, et avait deux fils, Guillaume et Walter. Voilà tout ce que l'on sait de lui jusqu'à l'action qui le rendit à jamais célèbre. Le 18 novembre 1307, il fut dénoncé au bailli pour avoir manqué plusieurs fois de saluer le chapeau. Le lendemain, Gesler le fit venir et lui demanda pourquoi il avait bravé ses ordres. Ici j'emprunte les paroles naïves d'une vieille chronique', conservées par le baron de Zurlauben: « Cher Seigneur, répondit Tell, cela est arrivé fortuitement et non par mépris; pardonnez-le moi; « si j'étais sensé, je ne m'appellerais pas Tell (ce mot dans l'ancien allemand signifie un homme de peu de sens). » Or Tell était un excellent archer et avait de beaux enfans qu'il aimait tendrement. Gesler se fit amener et dit au père: « Tell, lequel de tes enfans t'est le plus cher? Tell lui répondit: « Monseigneur, « ils me sont tous également chers. » Là dessus le bailli repartit: « J'apprends « que tu es un arbaletrier fameux, tu vas me donner un trait de ton habileté. Je « veux que tu tires une pomme sur la tête de l'un de tes enfans; mais prends « garde de manquer la pomme, car si tu ne l'abats point du premier coup, il « t'en coûtera la vie. » Cet ordre effraya Tell; il supplia le bailli de le révoquer; il le trouvait si dénaturé, qu'il aimait beaucoup mieux mourir que de tirer contre son cher enfant. Gesler lui dit alors: « Obéis, ou toi et tes enfans mourront. » Tell vit bien qu'il fallait obéir; il pria Dieu du fond de son cœur qu'il le sauvât lui et son cher enfant. Il prit ensuite son arbalète et ajusta une flèche dessus, conservant une autre flèche dans son carquois. Le bailli plaça lui-même la pomme sur la tête de l'enfant, qui n'avait pas plus de 6 ans. Tell décoche la flèche et abat la pomme sans blesser son fils **. Tell surpris le bailli de son adresse, et, apercevant la seconde flèche, lui demande à quel usage il la destinait. « C'est la coutume des archers, dit celui-ci, de porter deux flèches

* Schiller l'a connue et en a profité dans son *Guillaume Tell*.
** La tradition rapporte que la distance était de 120 pas.

sur eux. » Gesler, voyant bien que c'était une défaite, lui répondit: « Tell, dis-moi rondement la vérité, je te promets la vie, ne crains rien et sois franc. — Eh bien, Monseigneur, je vais vous dire naïvement ce qu'il en est : j'étais résolu, si j'avais touché mon fils, de vous tuer avec ma seconde flèche, et sans doute je n'aurais eu garde de vous manquer. — Tell, dit Gesler, je t'ai promis la vie, je tiendrai ma promesse; mais, comme je connais ta mauvaise volonté pour moi, je vais te faire mener dans un endroit et t'y enfermer si bien, « que tu ne verras plus la lumière du jour ni la clarté de la lune, le tout pour me « garer de toi. » Tell est chargé de fers: Gesler s'embarque sur le lac à Flülen avec ses satellites et son prisonnier, qu'il voulait mener à son château de Kussnacht. Mais un vent furieux s'étant élevé, la barque fut sur le point de périr: « Monseigneur, dit alors un des domestiques du bailli, Tell, que voici, est un homme robuste et un batelier habile, lui seul peut nous sauver. » Le bailli, qui craignait pour sa vie, consent à tout. Tell est délié et placé au gouvernail. Près d'un endroit nommé le Petit-Achsemberg, il se met à crier aux rameurs de redoubler leurs efforts jusqu'à ce qu'ils aient dépassé le rocher. Quand il est à portée, il tourne le gouvernail, saisit son armure déposée au fond de la barque, qu'en s'élançant il repousse dans les flots. Gesler est long-temps jouet des vagues; il arrive enfin à Brunnen, monte à cheval et traverse le pays de Schweitz. Entre Art et Kussnacht, dans un endroit où le chemin est creux et entouré de broussailles, un trait, parti d'une main invisible, le renverse roide mort à bas de son cheval. C'est le brave Tell qui l'a lancé; de là il court à Steinen avertir Stauffacher; des feux allumés sur les montagnes instruisent les autres confédérés : les forts sont démolis, les tyrans chassés, et la liberté, rapide comme la flèche de Tell, s'étend des trois cantons sur toute la Suisse. A la bataille de Morgarten, gagnée contre les Autrichiens, en 1315, nous voyons reparaître notre héros combattant avec son beau-père Walter Furst. On croit qu'il fut ensuite administrateur des revenus de l'église de Burglen; puis ses traces vont s'effaçant de plus en plus dans l'histoire. Seulement une tradition vague conservée dans le pays porte qu'il périt malheureusement, vers l'an 1330, dans un débordement qui renversa Burglen, sa patrie. L'histoire de la pomme a trouvé de violens contradicteurs. Cependant un acte authentique de 1388, constatant l'érection d'une chapelle qui existe encore à l'endroit où Tell s'élança de la barque, et qui renferme son histoire, peinte en douze tableaux, atteste que cent quatorze personnes, qui avaient connu Tell, assistaient à cette fondation. De plus, en 1503, on montrait encore, dans le marché d'Altorf, le tilleul auquel l'enfant fut attaché. Enfin l'arbalète de Tell est conservée à l'arsenal de Zurich. Peu de temps après que Tell eut tué Gesler, il fonda, avec les confédérés Furst et Stauffacher, une procession annuelle de Steinen à Burglen, pour remercier Dieu de la délivrance de leur patrie: cette procession subsiste encore, et les frais en sont fournis par les cantons d'Uri et de Schweitz. Une autre procession se fait tous les ans, le premier vendredi après l'Ascension, à la chapelle dont nous avons déjà parlé. La famille de Tell, qui jusqu'au XVIᵉ siècle avait rempli plusieurs places dans le canton d'Uri, s'éteignit dans Jean-Martin Tell, qui mourut, en 1624, au village d'OEttingshausen, et dans une fille nommée Verene Tell, morte en 1727.

B. E. J. R.

Imprimerie et Fonderie de J. Pinard, rue d'Anjou-Dauphine, n. 8, à Paris.

FRANCE.

XVIIIᵉ SIÈCLE. **MINISTRE.**

TURGOT.
Né le 10 mai 1727, mort le 18 mars 1781.

SYNCHRONISMES. **TITRES HISTORIQUES.**

Guerre de la succession d'Espagne.
Guerre de la succession d'Autriche.
Guerre de Sept-Ans.
Elisabeth, fille de Pierre-le-Grand, détrône le jeune Ivan, et laisse l'empire à Pierre III, qui est détrôné à son tour par Catherine II, son épouse. — Puissance de la Russie.
Factions des Chapeaux et des Bonnets en Suède. — Révolution de 1772 par Gustave III.
Premier démembrement de la Pologne. — Les Jésuites sont chassés du Portugal. — Les Espagnols en Italie. — Don Carlos, roi des Deux-Siciles. — Frédéric II, roi de Prusse. — Ses conquêtes et sa gloire.
L'Allemagne en combustion par la mort de Charles VI.
Troubles en Ecosse sous Georges II. — Soulèvement des Etats de l'Amérique septentrionale sous Georges III. — Louis XV en France. — Ministère du cardinal de Fleury. — Victoires et défaites. — Affaire des parlemens. — Jésuites chassés. — Amours scandaleuses. — Avénement de Louis XVI.

Prospérité de la province de Limoges sous son intendance.
Application des principes des économistes à l'administration.
Liberté rendue au commerce des grains.
Suppression des jurandes, corporation et autres droits nuisibles pour le peuple.
Vastes projets de réforme contrariés par le parlement et les classes privilégiées.
L'un des ministres les plus vertueux et les plus savans qu'ait eus la France.

NOTICE.

Au moment où Louis XVI venait de monter sur le trône, lorsque les cœurs, long-temps froissés sous le régime arbitraire de son prédécesseur, commençaient à s'ouvrir à l'espoir d'une régénération politique, dont les premiers actes de son gouvernement semblaient l'heureux prélude, un homme apparut, qui, par ses vertus et par ses talens, semblait appelé à réaliser les rêves de félicité publique de la philosophie. Le premier, il avait mis en pratique dans l'administration les savantes théories de Quesnay et de Gournay, et fait bénir par la bouche du peuple des noms honorés jusque là seulement du suffrage de quelques érudits. Tous les cercles politico-littéraires de la capitale retentissaient de ses louanges et le désignaient à l'envi au choix du jeune monarque; cet homme, cette idole du jour, était Anne-Robert-Jacques Turgot, intendant de Limoges. Issu d'une ancienne famille de robe, il était le dernier de trois fils, et, comme tel, il entra d'abord dans l'état ecclésiastique, où il obtint la dignité de prieur de Sorbonne; mais à l'âge de vingt-cinq ans, il quitta le petit collet pour la robe, et se fit recevoir conseiller au parlement. Deux ans après, en 1755, ayant abandonné sa compagnie, dont il désapprouvait la conduite dans le temps des troubles, il fut nommé membre de la chambre royale, et remplit la place de son frère aîné, président à mortier, vacante par son exil. Le parlement ne lui pardonna jamais ce qu'il nommait une condescendance servile aux ordres de la cour, et lorsque plus tard, au retour des parlemens, Turgot voulut se faire conférer légalement la charge de son frère, il fut exclu. Il est du devoir de l'histoire d'enregistrer ce fait, qui, bien que peu grave, doit jeter une grande lumière sur la suite entre le parlement et le contrôleur général. Quoi qu'il en soit, nommé intendant de la généralité de Limoges, en 1762, Turgot trouva une province pauvre, sans culture, sans commerce, sans chemins, sans navigation; et la rendit florissante. Enthousiaste ardent de la secte des économistes, il y développa les principes qu'il avait puisés dans leurs ouvrages, et joignit à ses préceptes la bienfaisance, qui leur donne plus de succès. Il abolit les corvées, et convertit en argent ce droit odieux et vexatoire pour le peuple. *Salus populi suprema lex esto*, telle était la devise de ce vertueux citoyen, bien digne à tous égards de sympathiser avec Louis XVI. Aussi, le vieux comte de Maurepas, que le jeune roi avait pris pour guide en montant sur le trône, appuya-t-il avec ardeur un choix qui, en même temps qu'il était agréable à la nation, le déchargeait du poids des affaires; et le 24 août 1774, Turgot fut nommé contrôleur général des finances. C'était un beau triomphe pour le parti philosophique; mais, dans ce moment, sa joie trouva un vaste et puissant écho dans toute la France. Malheureusement, l'illusion fut de courte durée. En entrant au ministère, il y développa les premières paroles de Turgot avaient été celles-ci : « Point de banqueroutes, point d'augmentation d'impôts, point d'emprunts. » Mais pour satisfaire à de pareils engagements, il fallait bien de ces réformes, et dès le principe, ces réformes furent entravées par le rappel des parlemens. Déjà le premier édit de Turgot sur la liberté du commerce des grains avait trouvé des improbateurs. Ce fut bien pis quand, maître de la faveur du roi, il proclama ses vastes plans de réforme où les privilèges des nobles, du clergé, des parlemens, se trouvaient enveloppés dans la même proscription. Ce ne fut plus qu'un cri d'indignation contre le ministre novateur. Les classes privilégiées menacées formèrent une ligue contre lui, irritèrent le peuple par une disette factice, et organisèrent la sédition du mois de mai 1775, connue sous le nom de *Guerre des farines*. Turgot, échappé à ce premier orage, n'en devint que plus cher au roi. Cependant, le moment de frapper le grand coup était venu; on y était préparé de part et d'autre. Pendant que le parlement refusait d'enregistrer cinq des six édits présentés par Turgot, Louis XVI, déployant une énergie à laquelle il n'avait pas encore accoutumé son peuple, convoque un lit de justice, le 12 mars 1776, et les fait enregistrer de sa pleine autorité. Le peuple, que l'avocat général Séguier avait dépeint consterné, se livre aux transports de la plus folle allégresse en apprenant la suppression des corvées, des maîtrises, des jurandes, de la caisse de Poissy, des droits sur les grains, etc. : les encyclopédistes l'emportent pour la seconde fois. On avait chansonné le ministre et ses réformes, on le flétrissait du nom de platitudes et *turgotines*; le parlement est chansonné à son tour. Triomphe passager! Peu de temps après, le compagnon, l'ami, l'émule de Turgot, le vertueux Malesherbes, abreuvé de dégoûts, demandait sa démission. Turgot, plus fier, l'attendit. Il est constant aujourd'hui qu'une trame épouvantable le renversa d'un poste qu'il occupa trop peu de temps pour le bonheur de la France. M. d'Oigny, intendant des postes, son ennemi, produisit une correspondance supposée, contenant l'expression des sentimens de haine des citoyens contre le ministre; et le faible Louis XVI crut se rendre au vœu unanime de la nation, en renvoyant l'homme dont toutes les actions tendaient à la rendre heureuse. On peut reprocher deux fautes à Turgot : c'est d'avoir perdu un temps précieux en réformes minutieuses, au lieu de profiter du premier enthousiasme du roi pour accomplir ses vastes projets ; ensuite, c'est de les avoir annoncées trop tôt, et d'avoir ainsi laissé le temps à la discussion d'en peser à loisir tous les inconvéniens. Quoi qu'il en soit, le court ministère de Turgot est fait pour laisser de profondes impressions dans tous les cœurs, tant à cause des bienfaits qui lui sont dus, que de ceux qu'il ne put accomplir et dont nous jouissons aujourd'hui. Rentré dans le sein de la vie privée dont il devait goûter peu de temps les douceurs, ce vertueux citoyen mourut de la goutte, à l'âge de 54 ans, laissant à la postérité le grand souvenir d'un ministre homme de talent et homme de bien. Avant de quitter le ministère, il avait consigné, dans une dernière lettre adressée au roi, avec de sages conseils, les pressentimens mélancoliques qui l'agitaient déjà, et le nom de l'infortuné Charles Iᵉʳ était venu se placer involontairement sous sa plume prophétique ; il est permis de penser, par une juste analogie, qu'en signant la destitution de son ministre, le nom de Strafford vint expirer plus d'une fois sur les lèvres du monarque.

A. de L.

Imprimerie de J. PINARD, rue d'Anjou-Dauphine, n. 8, à Paris.

FRANCE.

VOLTAIRE.

Né le 20 février 1694. — Mort le 30 mai 1778.

XVIIIᵉ SIÈCLE.

SYNCHRONISMES.

AUTEUR.

TITRES HISTORIQUES.

Première exposition de l'industrie française, 1741.
Premières grandes cartes de France, levées par Cassini, 1756.
Supplice du jeune Labarre.
Souveraineté des Lettres et de la Philosophie.
Ecole de Voltaire.— Helvétius, d'Alembert, Diderot, Marmontel, La Harpe.
Entreprise de l'Encyclopédie.
Montesquieu, Rousseau, Buffon.
Influence respective de la littérature française dans toute l'Europe.
Thompson, Young, Richardson.
Ecole historique écossaise. — Hume, Robertson, Gibbon.
Ecole philosophique écossaise. — Dugald-Stewart, Smith, Reid-Macpherson.— Discours sur l'authenticité des poëmes d'Ossian.
En Italie, école historique, Machiavel, Guichardin, Davila, Fra-Paolo.
Beccaria, Filangieri, Pagani, Genovesi, Alfieri.
En Allemagne, Wieland, Lessing, Gœthe, Schiller.
Puissance des idées françaises sur les diverses cours de l'Europe.

1718. Succès d'Œdipe. — La Henriade.
Artémire, 1720. Mariane, 1724. L'Indiscret, 1725.
Voyage en Angleterre.—Sa liaison avec les philosophes anglais, Wolston, Toland, Bolinbrok.
Brutus, 1731. Eryphile, 1732. Zaïre, 1732. Le Temple du goût, 1733. Adélaïde Duguesclin, 1734. Lettres philosophiques.—Epître à Uranie.
La mort de César, 1735. Histoire de Charles XII. — Essai sur les mœurs.
1743. Sa retraite à Cirey.—Ouvrages philosophiques.—Ouvrages scientifiques, élémens de la philosophie de Newton.
Alzire, Mahomet, Mérope, 1741. L'Enfant prodigue.
Discours sur l'homme. Philosophie de l'histoire.
Dédicace de Mahomet au pape Benoît XIV.
Poëme de Fontenoy, 1745.
Dictature littéraire.
Ses bienfaits à Ferney. — Zèle ardent pour l'humanité.
Haine injuste et ridicule contre la religion.
Susceptibilité excessive. — Caractère violent et vindicatif.

NOTICE.

VOLTAIRE est la plus grande figure littéraire du XVIIIᵉ siècle, qu'il a rempli de sa vie, de ses écrits et de sa gloire; c'est le Bonaparte d'un monde intellectuel qui a dominé sans partage, non sans combats. Le secret de son influence est dans son caractère, dans son génie et surtout dans l'état de la France à l'époque où il parut. L'hypocrisie de la fin du grand règne avait désenchanté la puissance de la religion, et les vices de la régence, la dignité du trône. Le despotisme politique avait disparu avec Louis XIV, la littérature commençait à soupçonner de nouvelles routes. Le jeune Arouet, élevé à l'école un peu mondaine des jésuites, produit dans le monde par un abbé spirituel et libertin, protégé par Ninon, se trouva affilié aux La Fare et aux Chaulieu, aux Conti et aux Vendôme, société de libres penseurs où se propageaient déjà, au sein, du plaisir et de l'épicuréisme, ces idées qui devaient produire au dix-neuvième siècle la liberté et la philosophie. A peine âgé de 18 ans, Voltaire puisa à cette école cette facilité élégante, ces grâces légères et de bon ton qu'il savait si bien unir à une moquerie puissante et dédaigneuse, à une capricieuse sensibilité. Il y puisa aussi cet esprit vif et rapide, une imagination active, un génie mobile et varié. Sa vie commença par des persécutions et par ses impressions de son enfance, un esprit vif et rapide, une imagination active, un génie mobile et varié. Sa vie commença par des persécutions et par des démêlés avec le gouvernement. Exilé en Hollande par son père, pour avoir dédaigné l'étude du droit, obligé de revenir à Paris, par suite d'une intrigue amoureuse avec une demoiselle Dunoyer, relégué pendant quelques temps au château Saint-Ange, près du vieux Caumartin, dont les entretiens lui inspirèrent la Henriade et le siècle de Louis XIV; enfermé à la Bastille pour des vers dont il n'était pas l'auteur, il fut consolé de ses premiers malheurs par son premier triomphe. Œdipe obtint un brillant succès, que la Henriade augmenta sans le faire oublier. Un événement imprévu lui attire de nouveaux chagrins, de nouvelles injustices. Lâchement outragé par le chevalier de Rohan-Chabot, vil héritier d'un grand nom, il demande en vain vengeance à ses amis, aux lois, à son courage; il va expier à la Bastille le tort d'avoir été insulté par un grand seigneur; il reçoit sa liberté et l'ordre de sortir de France, et va chercher en Angleterre un pays libre et des hommes capables de le comprendre. Il revient en France, plein des idées de Locke, de Newton, admirateur de Shakespeare; il rapportait avec lui l'Essai sur la poésie épique, Brutus, la Mort de César, les lettres sur les Anglais, et tous les matériaux de son Histoire de Charles XII. Ses malheurs n'avaient point désarmé l'envie; loin de là, ses idées philosophiques, sa haine pour la religion, et il faut le dire, l'impiété dont il s'était nourri dans la société des philosophes anglais, lui suscitèrent de nouveaux ennemis. Irascible et impétueux, il terrassait ses adversaires; mais leur défaite aiguisait leur esprit de vengeance, et va vain Zaïre vint ajouter à sa gloire, en révélant à la France un rival de nos grands maîtres dans l'art dramatique. La Mort de César, l'Elégie sur la mort de la Lecouvreur, le Temple du Goût, les Lettres Philosophiques, l'Epître à Uranie redoublent les persécutions. Poursuivi par d'obscurs libelles, calomnié par des écrivains qui avait souvent secours de son crédit et de sa bourse, inquiété par une administration tracassière, Voltaire se lasse enfin de lutter. Il renonce à la poésie: d'heureuses spéculations lui avaient procuré la richesse, et avec la richesse, l'indépendance. Il va cacher ses jours dans une retraite qu'embellit l'amitié près de la marquise du Châtelet, cette divine Emilie, qu'il aima, qu'il chanta jusqu'à sa mort, épicurienne philosophe, passionnée pour les plaisirs et pour l'étude. Cirey devient un temple consacré aux sciences; Voltaire se livre avec ardeur à la physique, à l'astronomie; il écrit sur les forces motrices, il compose un mémoire sur les élémens de la philosophie de Newton. Mais en vain il avait espéré oublier les lettres, l'amour de la poésie le ressaisit. Alzire, Mahomet, Mérope, sont achevés dans l'intervalle que lui laissaient ses graves occupations; il termine le Discours sur l'homme, trace la Philosophie de l'Histoire, le Siècle de Louis XIV, prépare l'Essai sur les mœurs, et compose çà et là des poésies fugitives, seul genre où il est resté inimitable. Cependant son séjour à Cirey n'était pas continu. Paris l'avait revu plusieurs fois: présent à la représentation de Mérope, dans la loge de la maréchale de Villars, il fut témoin de l'enthousiasme qu'excite ce chef-d'œuvre, et reçut, par l'ordre du parterre, un baiser de la belle maréchale. C'est ici l'époque de sa courte faveur à la cour; quelques vers flatteurs adressés à madame de Pompadour lui attirèrent des bonnes grâces que n'avaient pu lui mériter vingt ouvrages de génie: il fut créé gentilhomme ordinaire de la chambre du roi, historiographe de France, académicien. Son crédit à la cour fut passager, une préférence ridicule de la favorite pour Crébillon qu'on avait été chercher pour l'opposer à Voltaire, suscita à celui-ci de nouveaux dégoûts; cette rivalité nous valut trois beaux ouvrages, Sémiramis, Oreste, Rome sauvée; Voltaire se vengeait en refaisant les pièces de Crébillon. Il retourna à Cirey, mais il arriva pour fermer les yeux à son amie qu'une maladie subite vint lui ravir. Rien ne l'attachait plus désormais à la France, il céda aux vives instances de Frédéric avec lequel il était depuis long-temps en correspondance. A son arrivée à Berlin, Voltaire fut accueilli avec empressement, avec enthousiasme. Il reçut la clé de chambellan et les promesses d'une amitié éternelle; il allait s'enchaîner pour toujours, il le sentait et était près de s'en repentir. Mais comment résister ! L'Alcine-roi était si enivrant: il était poète, philosophe; cependant l'enchantement ne dura pas, l'envie le poursuivit à Potsdam comme à Paris; son caractère, ses plaisanteries firent le reste; enfin il quitta la Prusse, presque en fugitif, sous prétexte d'aller prendre les eaux de Plombières. Une aventure ridicule qui déshonore Frédéric le retint à Francfort, où il fut emprisonné avec sa nièce, en attendant le livre de poésie du roi son maître, que réclamait un certain Freytag, envoyé de Frédéric. Rendu à la liberté, il s'arrête chez l'électeur Palatin, pour sécher ses habits mouillés du naufrage, et après bien des vicissitudes, il vient enfin se fixer à Ferney. L'envie s'était lassée. Voltaire du fond de sa retraite exerçait une dictature toute puissante sur les lettres, sur les opinions; il était en correspondance avec plus d'une tête couronnée; il avait pour lui la fortune, son génie et sa gloire. Sa mâle vieillesse produisait encore de nouveaux ouvrages, la Philosophie de l'Histoire, le Dictionnaire philosophique, le Commentaire sur Corneille, qui fut à lui tout une œuvre distinguée en une bonne action. Les Calas, les Sirven, la veuve Montbailly, lui doivent leur honneur et leur vie, les serfs du Jura, leur liberté; il venge la mémoire des Lally, et des Labarre. Mais enfin, sentant la mort approcher, il veut revoir son pays, il veut embrasser ses amis; il interrompt son agonie, et après un retour triomphant, après son ovation à la représentation d'Irène, il meurt à Paris, enivré de renommée, de bruit et d'encens. F.-L. B.

IMPRIMERIE DE SELLIGUE, RUE DES JEUNEURS, N. 14.

ALLEMAGNE.

WALLENSTEIN.

Né le 14 septembre 1583. — Mort le 26 février 1634.

XVIIᵉ SIÈCLE.

SYNCHRONISMES.

- Mort de Henri IV.
- Prise de La Rochelle.
- L'Angleterre tombe d'Élisabeth à Jacques II.
- L'Espagne décline sous Philippe III et IV.
- Le Danemarck et la Suède florissans sous Christian IV et Gustave-Adolphe.
- La guerre entre la Pologne et la Suède, commence avec celle de 30 ans.
- Richelieu, Buckingham, Olivarès.
- La Russie encore barbare sous le faux Demitri et Michel Federowitz.
- Les Hollandais libres sous les princes d'Orange.
- Politique vacillante des états de l'Italie et des papes Paul V, Grégoire XV, Urbain VII.
- Galilée emprisonné par l'inquisition en Italie pour avoir dit que la terre tourne.
- Urbain Grandier brûlé en France comme sorcier.

GÉNÉRAL.

TITRES HISTORIQUES.

- Siège de Gradisca.
- Wallenstein colonel à la bataille de Prague.
- Il lève une armée à ses frais et est nommé duc de Friedland.
- Combat du pont de Dessau.
- Il est nommé duc de Mecklembourg.
- Il est destitué.
- Son rappel.
- Combat de Nuremberg.
- Bataille de Lutzen.
- Affaire de Steinau.
- Conférence de Pilsen.
- Wallenstein mis au ban de l'empire.

NOTICE.

ALBERT de WALDSTEIN, plus connu sous le nom de Wallenstein ou Walstein, naquit en Bohême. Fils d'un baron protestant, il eut pour premier instituteur un ministre de cette religion. Envoyé à l'université d'Altdorf, il en fut retiré sur l'invitation de ses maîtres, moins rebutés par son peu d'application aux sciences, qu'effrayés par son indiscipline. Nommé page de Charles, margrave de Burgau, fils de l'archiduc Ferdinand, il embrassa le catholicisme après une chute, où il se crut préservé du danger par la protection spéciale de la Providence. La vie d'un page allemand ne pouvait long-temps convenir à Wallenstein. Il promena en France, en Espagne, en Angleterre, le désordre de ses passions et de sa vie aventureuse. A Padoue il s'éprit des mathématiques et de l'astrologie, l'astrologie qui fut la faiblesse de cette âme forte. De retour dans sa patrie, il épousa une riche héritière, qui, au bout de quatre mois, le laissa veuf et maître d'une immense fortune. L'Allemagne était alors un vaste camp, et la guerre l'unique aliment offert aux esprits actifs et entreprenans. Wallenstein leva des troupes, et combattit, sous l'archiduc Ferdinand, contre les Turcs, les Vénitiens et même les Bohémiens, qui tâchèrent en vain d'attirer dans leur parti leur compatriote et leur ancien coreligionnaire. Alors les catholiques et les protestans luttaient en Allemagne ; les premiers, réunis en une ligue que dirigeaient les princes de l'Empire, espagnols et dévots ; les seconds, formant l'union dite Évangélique, à la tête de laquelle se trouvait la maison Palatine. A ces élémens principaux, joignez les incidens des révoltes de la Bohême et de l'invasion des Suédois, des exploits et des cruautés inouis, beaucoup de bonnes fortunes pour le soldat, beaucoup de malheurs pour le peuple, et vous aurez une idée de la guerre de 30 ans. La bataille de Prague, où Wallenstein, alors colonel, se couvrit de gloire, semblait devoir terminer la lutte au profit de Ferdinand, devenu empereur, mais celui-ci la fit renaître plus terrible, en mettant au ban de l'empire Frédéric V, roi de Bohême. Ce malheureux prince n'eut d'abord pour défenseur que l'aventurier Mansfeld ; mais bientôt Jacques d'Angleterre, son gendre, Bethlem Gabor, souleva en sa faveur Gustave-Adolphe, roi de Suède, et Christian, roi de Danemarck, qui mit sur pied une armée de 60,000 hommes. Pour la ligue combattait Maximilien, duc de Bavière, et sous lui, Tilly, général dont les talens n'étaient égalés que par sa cruauté. Mais l'empire n'avait pas de défenseur en titre, et l'empereur n'avait pas d'argent. C'est alors que Wallenstein se présente ; il propose d'armer à ses frais et d'entretenir une armée de 50,000 hommes. Il tient parole, et prend le commandement, avec le titre de duc de Friedland ; sans daigner se concerter avec Tilly, il s'empare du cours de l'Elbe, bat Mansfeld au pont de Dessau, le poursuit en Hongrie, où il triomphe à la fois de l'usurpateur Bethlem Gabor, des Turcs et de la famine. Mansfeld va mourir en Bosnie. Wallenstein rejoint Tilly, vainqueur à Lutter ; en chemin il force le Brandebourg à reconnaître Maximilien roi de Bohême, prend tout le pays entre la Baltique, l'Elbe et le Weser, et pénètre jusque dans le Holstein et le Sleswig. Mais cet homme, la terreur des ennemis par ses victoires, était devenu par ses exactions, celle de l'Allemagne qui lui avait levé plus de 200,000 francs de contributions. Pour attacher ses soldats à sa personne, il les laissait jouir d'une licence sans bornes. Son armée de 100,000 hommes ne coûtait rien à l'empereur : qu'on juge de ce qu'elle coûtait au peuple ! Après l'inutile siège de Stralsund et la paix de Lubeck (1629), Wallenstein, créé duc de Mecklembourg, et généralissime, fut chargé d'exécuter l'édit des restitutions, qui rendait aux catholiques des biens confisqués depuis 80 ans. La haine contre lui s'en accrut. L'électeur de Bavière, dont l'empereur ménageait le suffrage pour son fils, appuyé par le père Joseph, créature de Richelieu, demandait avec tout un peuple le renvoi de Wallenstein. Celui-ci, depuis quelque temps, devenu sombre et rêveur, semblait jouir d'une haine qui le rendait plus nécessaire, commençait à laisser entrevoir le projet de se rendre indépendant. Il fut destitué. La nouvelle de sa disgrâce le trouva calme. « L'empereur est trahi, » s'écria-t-il ; et ayant licencié 100,000 hommes prêts à appuyer sa désobéissance, il se retira dans ses terres de Moravie et de Bohême, où il vécut dans la plus pompeuse obscurité (1630). Ses principaux officiers lui formèrent une cour ; 100 maisons furent abattues, pour dégager l'abord de son palais, à Prague ; 50 hallebardiers gardaient son antichambre, 60 pages, 4 chambellans et 6 barons, étaient toujours prêts à recevoir ses ordres. Cependant Tilly continuait la guerre, mais il mourut peu après, et les défaites de Lech, de Leipsig, de Breitenfeld, annoncèrent à l'Europe que Wallenstein n'était plus là. Ferdinand, dans sa détresse, fut forcé de s'humilier devant celui qu'il avait renvoyé naguères ; et ne surmonta qu'avec peine sa feinte indifférence. Il reparait : des armées surgissent à sa voix : il fait ses conditions, se met à leur tête. Il prélude par la prise de Prague et de la Bohême, arrête Gustave-Adolphe à Nuremberg, et bientôt les deux plus grands hommes de guerre du siècle sont en présence, à Lutzen. Les Suédois restent maîtres du champ de bataille, mais Gustave meurt. Il meurt ! et Wallenstein, au lieu de profiter d'une occasion si favorable, se retire brusquement en Silésie, et ne reparait sur le théâtre de la guerre que pour refuser la bataille aux Suédois, bientôt même pour leur faire des propositions. Cette conduite inconcevable déconcerte ses admirateurs et enhardit ses ennemis. Ils rappellent à l'ombrageux Ferdinand l'ambition de son rival, sa conduite insolente à la diète de Ratisbonne. Ils disent, et l'histoire n'ose le démentir, que Wallenstein voulait être souverain et voulait se faire nommer roi par ses soldats. En vain il triomphe à Steinau, agit en Silésie, menace la Saxe. L'empereur veut qu'il marche contre les Suédois en Bavière ; Wallenstein n'en tient compte. Ferdinand lui fait dire par le conseiller Questemberg d'envoyer 6,000 hommes dans les Pays-Bas. Wallenstein, au lieu d'obéir, convoque ses généraux à Pilsen, déclare qu'il va se démettre du commandement, et ne le garde qu'après leur avoir surpris une promesse de lui rester fidèles, à tout événement. L'empereur, instruit de cet acte de rebellion, délie les soldats de leur serment, nomme Gallas à la place de Wallenstein, mis au ban de l'empire (1634). Celui-ci, trahi, fugitif, mais comptant sur la foi des actes, se retire à Egra, suivi d'Illo, Terski, Neumann, qui lui sont restés fidèles. Bientôt il est assassiné avec eux par les irlandais Butler et Devéroux. Tel fut cet homme, plus extraordinaire encore que grand, qui consultait les étoiles la veille d'une victoire, qui se couvrait devant l'empereur d'Allemagne, et frémissait au miaulement d'un chat. Ferdinand fit dire des messes pour le salut de son âme, et récompensa ses assassins par des clefs de chambellan.

B.-E.-J. R.

Imprimerie et Fonderie de J. Pinard, rue d'Anjou-Dauphine, n. 8, à Paris.

XVIIIᵉ SIÈCLE.	ÉTATS-UNIS.	GÉNÉRAL.
SYNCHRONISMES.	**WASHINGTON.** Né le 22 février 1732. — Mort le 14 décembre 1799.	TITRES HISTORIQUES.

Guerre de la succession d'Autriche.

Bataille de Fontenoy.

Paix d'Aix-la-Chapelle.

Fondation de l'empire britannique dans l'Inde.

Proscription des jésuites en Portugal.

Révolution de Suède. — Premier partage de la Pologne.

Suppression de l'ordre des jésuites, par le pape Clément XIV.

Louis XVI reconnaît l'indépendance de l'Amérique.

Commencement de la révolution française.

Mort de Louis XVI.

Proclamation de l'indépendance des États-Unis de l'Amérique du nord.

Traité d'alliance entre la France et l'Angleterre.

Création d'une banque à Philadelphie.

L'indépendance des États-Unis reconnue par l'Angleterre.

Traité de paix entre les États-Unis, la France, l'Angleterre et l'Espagne.

Création de la Société de Cincinnatus.

Fondation de la ville de Washington, sur le Potowmack, dans le Maryland.

NOTICE.

George Washington naquit à Bridge-Creek, dans le comté de Westmoreland en Virginie, d'une famille originaire de l'Angleterre. Cet homme, qui devait fonder l'indépendance de son pays, commença par être arpenteur et régisseur de domaines. Il avait alors 16 ans. A 19 ans, créé major des milices de la Virginie (1751), il combattit en 1753 contre les troupes françaises, en faveur de l'Angleterre, dans la guerre du Canada, succéda au général Braddock, dont il était lieutenant, fut nommé commandant en chef de toutes les troupes de la Virginie (1758), força les Français d'évacuer le fort Duquesne, et après avoir ramené ses troupes et donné sa démission, il fut élu membre de l'assemblée de Virginie. Maître d'une grande fortune par la mort de son frère et un riche mariage, Washington reparut au congrès de 1774 (14 janvier) comme député de sa province. Les premières divisions entre l'Amérique septentrionale et la métropole venaient d'éclater. Un impôt du timbre établi par le parlement en avait été l'occasion. La véritable cause était la tyrannie du ministère anglais, qui traitait les colonies en provinces conquises. Toute l'Amérique était en armes; un nouveau congrès se réunit à Philadelphie. Washington, élu généralissime des armées américaines (10 mai 1775), se porte aussitôt devant Boston dont il s'empare au bout d'un an de siège (4 mars 1776). De là, pendant que le congrès proclamait l'indépendance des États-Unis, il se rend à New-York, à la tête de 27,000 hommes, mal armés, mal disciplinés, sauve les restes de l'armée du général Putnam battu à Brooclyn, évacue New-Yorck qu'il ne peut défendre, lutte pendant quatre mois avec une armée découragée, décimée par la désertion et les maladies, contre toutes les forces d'Howe et de Cornwallis, ranime le courage abattu de ses troupes par une entreprise hardie à Trenton et à Princetown, et par la nouvelle de la défaite de Burgoyne à Saratoga (23 juillet 1777), force les généraux Howe et Cornwallis à abandonner le New-Jersey, et rend Philadelphie au congrès national qui, retiré à Baltimore (2 janvier 1777), avait investi Washington d'une dictature militaire de six mois. L'année suivante, il essuie à Brandywine un échec qu'il venge par la victoire de Montmouth en 1778. Secondé par le jeune marquis de Lafayette qui avait voulu servir sous lui en qualité de volontaire de 1777, il apaise la querelle élevée entre les Américains et les Français leurs auxiliaires, retient sous les drapeaux ses officiers mécontens, conserve Westpoint, enlève Stonypoint dans le Connecticut, reprend New-Port et Rhode-Island. Forcé pendant deux ans de rester dans l'inaction par le mauvais état des troupes, par la lenteur des levées et les divisions des provinces, il profite de ce temps pour instituer une banque à Philadelphie, et, par une prudence sévère, rétablit la discipline dans l'armée. L'arrivée d'une escadre française sous les ordres du comte de Grasse, des sommes considérables envoyées par Louis XVI, le retour de Lafayette qui avait été lui-même solliciter des secours près du cabinet de Versailles, mettent Washington en état de reprendre l'offensive, et la prise de Yorck-Town, vainement défendue par Cornwallis, décide du succès de la guerre. Vainqueur sur tous les points, il contraint l'Angleterre, attaquée dans ses diverses possessions par la France, l'Espagne, la Hollande, à signer un traité de paix (20 juin 1783) où l'indépendance des États-Unis est reconnue. Washington, après avoir assuré le sort de l'armée, se rendit au congrès, remit sa commission, et se retira dans son domaine de Montvernon, n'emportant d'autres récompenses que la gloire de ses grandes actions et la reconnaissance de ses concitoyens. Le congrès lui décerna des statues qui devaient durer moins que sa renommée. Rentré dans ses foyers, Washington s'occupa encore du bonheur de ses compatriotes. Il consacra son immense fortune et son génie patient et infatigable, à la prospérité de sa patrie. Sous ses yeux et par son influence, d'importans travaux furent entrepris par les États de Virginie; les routes furent améliorées, la navigation intérieure prit un nouvel essor. Mais l'intérêt de la nouvelle république le rappela sur un plus grand théâtre. En 1787, la Virginie, malgré ses refus, le député de nouveau à la convention chargée de reviser les articles de la confédération et de déterminer le pouvoir du congrès. Il est élu président à l'unanimité, sur la proposition de Franklin, et après (1789) appelé à la présidence du congrès dont l'autorité venait d'être sagement augmentée par ses conseils. Il fut composé d'un sénat élu pour 6 ans, d'une chambre de représentans et d'un président élu par le sénat pour 4 ans, chargé du pouvoir exécutif, chef des armées de terre et de mer, et de la direction des relations avec les puissances étrangères. La présidence de Washington assura le sort des États-Unis; les dissensions intestines cessèrent; les tribus indiennes rentrèrent dans le devoir, le commerce s'étendit, et le pavillon aux treize couleurs, emblème des treize provinces qui formaient la confédération des États-Unis, flotta sur toutes les mers, aussi respecté que les pavillons de France et d'Angleterre. Réélu d'un accord unanime, en 1793, sa prudence et sa fermeté sauvèrent son pays du danger de prendre part à la guerre entre la Grande-Bretagne et la France alors en révolution. Arrivé au terme de sa seconde présidence, il refusa une troisième élection, et laissant sa patrie tranquille au dedans, respectée au dehors, il se retira dans son habitation de Virginie, où il mourut d'une inflammation à la trachée artère. Il ne laissait point d'enfans. Sa mort fut une calamité publique. L'Angleterre et la France le pleurèrent. Bonaparte, alors premier consul, fit prononcer son éloge par Fontanes. Washington fut un des génies extraordinaires créés pour étonner le monde; mais ce fut un grand homme; ce fut plus encore, un grand citoyen. Ses talens firent triompher la cause de son pays; mais ses vertus assurèrent sa prospérité. Il dota sa patrie d'une liberté sans licence et d'un gouvernement puissant sans tyrannie. Il est le seul de son espèce dans les annales du monde. Son nom a passé à la postérité pur de tout reproche, et sa vie tout entière est renfermée dans ces mémorables paroles prononcées par un des membres du congrès, à la nouvelle de sa mort : « Il a plu à la divine providence de retirer du milieu de nous un homme, le premier dans la paix, le premier dans la guerre, le premier dans les affections de son pays. » F. L. B.

Imprimerie et Fonderie de J. Pinard, rue d'Anjou-Dauphine, n. 8, à Paris.

ÉTATS-UNIS.

WASHINGTON.

XVIIIᵉ SIÈCLE.   GÉNÉRAL.

Né le 22 février 1732. — Mort le 14 décembre 1799.

SYNCHRONISMES.   TITRES HISTORIQUES.

Guerre de la succession d'Autriche.
Bataille de Fontenoy.
Paix d'Aix-la-Chapelle.
Fondation de l'empire britannique dans l'Inde.
Proscription des jésuites en Portugal.
Révolution de Suède. — Premier partage de la Pologne.
Suppression de l'ordre des jésuites, par le pape Clément XIV.
Louis XVI reconnaît l'indépendance de l'Amérique.
Commencement de la révolution française.
Mort de Louis XVI.

Proclamation de l'indépendance des Etats-Unis de l'Amérique du nord.
Traité d'alliance entre la France et l'Angleterre.
Création d'une banque à Philadelphie.
L'indépendance des Etats-Unis reconnue par l'Angleterre.
Traité de paix entre les Etats-Unis, la France, l'Angleterre et l'Espagne.
Création de la société de Cincinnatus.
Fondation de la ville de Washington, sur le Potowmack, dans le Maryland.

NOTICE.

GEORGES WASHINGTON naquit à Bridge-Creek, dans le comté de Westmoreland en Virginie, d'une famille originaire de l'Angleterre. Cet homme, qui devait fonder l'indépendance de son pays, commença par être arpenteur et régisseur de domaines. Il avait alors 16 ans. A 19 ans, créé major des milices de la Virginie (1751), il combattit en 1753 contre les troupes françaises, en faveur de l'Angleterre, dans la guerre du Canada, succéda au général Braddock, dont il était lieutenant, fut nommé commandant en chef de toutes les troupes de la Virginie (1758), força les Français d'évacuer le fort Duquesne, et après avoir ramené ses troupes et donné sa démission, il fut élu membre de l'assemblée de Virginie. Maître d'une grande fortune par la mort de son frère et un riche mariage, Washington reparait au congrès de 1774 (14 janvier) comme député de sa province. Les premières divisions entre l'Amérique septentrionale et la métropole venaient d'éclater. Un impôt du timbre établi par le Parlement en avait été l'occasion. La véritable cause était la tyrannie du ministère anglais, qui traitait les colonies en provinces conquises. Toute l'Amérique était en armes; un nouveau congrès se réunit à Philadelphie. Washington, élu généralissime des armées américaines (10 mai 1775), se porte aussitôt devant Boston, dont il s'empare au bout d'un an de siège (4 mars 1776). De là, pendant que le congrès proclamait l'indépendance des Etats-Unis, il se rendit à New-York, à la tête de 27,000 hommes, mal armés, mal disciplinés, sauve les restes de l'armée du général Putnam battu à Brooklyn, évacue New-York qu'il ne peut défendre, lutte pendant quatre mois avec une armée découragée, décimée par la désertion et les maladies, contre toutes les forces d'Howe et de Cornwallis, ranime le courage abattu de ses troupes par une entreprise hardie de Trenton et à Princetown, et par la nouvelle de la défaite de Burgoyne à Saratoga (23 juillet 1777), force les généraux Howe et Cornwallis à abandonner le New-Jersey, et rend Philadelphie au congrès national qui, retiré à Baltimore (2 janvier 1777), avait investi Washington d'une dictature militaire de six mois. L'année suivante, il essuie à Brandywine un échec qu'il venge par la victoire de Montmouth en 1778. Secondé par le jeune marquis de Lafayette, qui avait voulu servir sous lui en qualité de volontaire dès 1777, il apaise la querelle élevée entre les Américains et les Français leurs auxiliaires, retient sous les drapeaux des officiers mécontents, conserve Westpoint, enlève Stonypoint dans le Connecticut, reprend New-Port et Rhode-Island. Forcé pendant deux ans de rester dans l'inaction par le mauvais état de ses troupes, par la lenteur des levées et les divisions des provinces, il profite de ce temps pour instituer une banque à Philadelphie, et, par une prudente sévérité, rétablit la discipline dans l'armée. L'arrivée d'une escadre française sous les ordres du comte de Grasse, des sommes considérables envoyées par Louis XVI, le retour de Lafayette, qui avait été lui-même solliciter des secours près du cabinet de Versailles, mettent Washington en état de reprendre l'offensive, et la prise de York-Town, vainement défendue par Cornwallis, décide du succès de la guerre. Vainqueur sur tous les points, il contraint l'Angleterre, attaquée dans ses diverses possessions par la France, l'Espagne, la Hollande, à signer un traité de paix (20 juin 1783) où l'indépendance des Etats-Unis est reconnue. Washington, après avoir assuré le sort de l'armée, se rendit au congrès, remit sa commission, et se retira dans son domaine de Montvernon, n'emportant d'autres récompenses que la gloire de ses grandes actions et la reconnaissance de ses concitoyens. Le conseil lui décerna des statues qui devaient durer moins que sa renommée. Rentré dans ses foyers, Washington s'occupa encore du bonheur de ses compatriotes. Il consacra son immense fortune et son génie patient et infatigable à la prospérité de sa patrie. Sous ses yeux et par son influence, d'importans travaux furent entrepris par les états de Virginie; les routes furent améliorées, la navigation intérieure prit un nouvel essor. Mais l'intérêt de la nouvelle république le rappela sur un plus grand théâtre. En 1787, la Virginie, malgré ses refus, le députa de nouveau à la convention chargée de réviser les articles de la confédération et de déterminer le pouvoir du congrès. Il est élu président à l'unanimité, sur la proposition de Franklin, et peu après (1789) appelé à la présidence du congrès dont l'autorité venait d'être sagement augmentée par ses conseils. Il fut composé d'un sénat élu pour 6 ans, d'une chambre de représentans et d'un président élu par le sénat pour 4 ans, chargé du pouvoir exécutif, chef des armées de terre et de mer, et de la direction des relations avec les puissances étrangères. La présidence de Washington assura le sort des Etats-Unis; les dissentions intestines cessèrent; les tribus indiennes rentrèrent dans le devoir, le commerce s'étendit, le pavillon aux treize couleurs, emblème des treize provinces qui formaient la confédération des Etats-Unis, flotta sur toutes les mers, aussi respecté que les pavillons de France et d'Angleterre. Réélu d'un accord unanime, en 1793, sa prudence et sa fermeté sauvèrent son pays du danger de prendre part à la guerre entre la Grande-Bretagne et la France alors en révolution. Arrivé au terme de sa seconde présidence, il refusa une troisième élection, et, laissant sa patrie tranquille au dedans, respectée au dehors, il se retira dans son habitation de Virginie, où il mourut d'une inflammation à la trachée artère. Il ne laissait point d'enfans. Sa mort fut une calamité publique. L'Angleterre et la France le pleurèrent. Bonaparte, alors premier consul, fit prononcer son éloge par Fontanes. Washington n'est point un de ces génies extraordinaires créés pour étonner le monde, mais ce fut un grand homme : ce fut plus encore, un grand citoyen. Ses talens firent triompher la cause de son pays, dont les vertus assurèrent la prospérité. Il dota sa patrie d'une liberté sans licence et d'un gouvernement puissant sans tyrannie. Il est le seul de son espèce dans les annales du monde. Son nom a passé à la postérité pur de tout reproche, et la vie toute entière est renfermée dans ces mémorables paroles prononcées par un des membres du congrès, à la nouvelle de sa mort. « Il a plu à la divine providence de retirer du milieu de nous » un homme, le premier dans la paix, le premier dans la guerre, le premier » dans les affections de son pays. »

F.-L. B.

IMPRIMERIE DE SELLIGUE, RUE DES JEUNEURS, N. 14.

www.ingramcontent.com/pod-product-compliance
Lightning Source LLC
LaVergne TN
LVHW050618090426
835512LV00008B/1545